BUZZ

©Buzz Editora, 2021
©Solange Frazão, 2021

Publisher ANDERSON CAVALCANTE
Editora TAMIRES VON ATZINGEN
Assistente editorial JOÃO LUCAS Z. KOSCE
Preparação LIGIA ALVES
Revisão TOMOE MOROIZUMI, FERNANDA SANTOS
Projeto gráfico ESTÚDIO GRIFO
Assistente de design NATHALIA NAVARRO
Fotografia de capa RENATO PARADA

Dados Internacionais de Catalogação na Publicação (CIP) de acordo com ISBD

F848a

    Frazão, Solange
    Além do corpo: como exercitar a alma para ter mais força na vida / Solange Frazão.
    São Paulo: Buzz, 2021.
    176 pp.
    ISBN 978-65-86077-79-7

1. Autoajuda. 2. Saúde. 3. Corpo. 4. Desafios. 5. Superação. I. Título.

                                  CDD 158.1
2021-1323   CDU 159.947

Elaborado por Vagner Rodolfo da Silva – CRB 8/9410

Índice para catálogo sistemático:
1. Autoajuda 158.1
2. Autoajuda 159.947

Todos os direitos reservados à:
Buzz Editora Ltda.
Av. Paulista, 726 – mezanino
CEP 01310-100 – São Paulo/SP
[55 11] 4171 2317
[55 11] 4171 2318
contato@buzzeditora.com.br
www.buzzeditora.com.br

SOLANGE FRAZÃO

ALÉM DO CORPO

Como exercitar a alma para ter mais força na vida

Quero dedicar este livro aos meus amores:

Bruna, Thabata e Lucca, meus filhos, e Thiago, Maria Luiza e Tom, meus netos.

Depois do nascimento de cada um de vocês, eu me senti ainda mais responsável em ser coerente com a minha verdade, um grande exemplo a ser seguido, e também em deixar um legado nesta vida. Para uma mãe, o nascimento de um filho e depois o de um neto (sangue do seu sangue) será sempre um divisor de águas, como se só a partir daquele momento nossa vida tivesse um propósito mais real e nossos sonhos se tornassem ainda maiores.

Todos vocês são a maior motivação para que eu incansavelmente busque, dia após dia, ser a minha melhor versão e consiga despertar meu potencial máximo, sendo assim ainda mais realizada e feliz.

09 Introdução

13 1º ato: renascendo das cinzas
29 2º ato: o jogo do contente
41 3º ato: princesas existem?
55 4º ato: nenhum sofrimento dura para sempre
69 5º ato: o calcanhar de aquiles
83 6º ato: síndrome do pânico, uma impostora real
93 7º ato: a colheita
101 8º ato: pelo buraco da fechadura
111 9º ato: apenas mais uma de amor
117 10º ato: dois corações e uma história
127 11º ato: medo de doença
133 12º ato: saúde física
143 13º ato: saúde mental
149 14º ato: saúde espiritual
159 15º ato: o que aprendi com meus filhos

169 Dossiê da minha saúde física
175 Agradecimentos

INTRODUÇÃO

Ao longo de toda a minha jornada, sempre quis fazer as pessoas entenderem que eu tinha muito, muito mais a oferecer ALÉM DO CORPO. Além da aparência e do que os olhos pudessem ver. Por entender que nosso corpo é nossa morada nesta vida inteira, o que eu queria era trazer a consciência de que ele é um instrumento capaz de nos permitir ter uma existência plena. E é ele que nos ajuda quando a vida não é tão plena assim. E nesta minha trajetória, com quedas e muitos desafios, vejo que, se não tivesse desenvolvido essa força, não teria conseguido superar tudo aquilo que vivi.

De certa forma, eu via essa grande necessidade de manter a saúde física como se fosse uma prestação de serviço para toda a população, mas as emissoras de TV não compartilhavam essa visão da mesma forma que eu.

Na verdade, a SAÚDE parece nunca ser mais importante que uma notícia trágica e ruim.

Lembro que a primeira emissora a me abrir as portas foi a Rede Mulher. Um grande sonho se realizava. Eles acreditavam plenamente que teríamos um sucesso de audiência, porque o propósito era a SAÚDE. O *Solange Passo a Passo* foi um programa pensado para motivar as pessoas a fazerem exercícios em casa. O programa dos meus sonhos.

Depois vieram outras produções voltadas para as mulheres, sempre com foco em exercícios, autocuidado, autoestima, SAÚDE, bem-estar, beleza e qualidade de vida. Na Band tive um quadro no *Dia a Dia*; na Rede Globo, o quadro *Agente Frazão*. Na Rede TV, fiz parte do *Bom Dia Mulher*. Depois, de volta à Rede Mulher, o *Estilo SAÚDE*. No Canal 21, fiz o programa ETC. Quadros na Band, como o *Band Verão*. Na Rede Record, tive o quadro *Segredos da SF*, além de outras participações mais pontuais.

Passei por praticamente todas as emissoras brasileiras com esse mesmo propósito.

No entanto, durante toda a minha vida, o meu grande exercício de força não foi o esporte, a ginástica localizada ou a musculação. Sempre fiz de tudo para fortalecer a musculatura da alma. Como no jogo de quadra esportiva, foi necessário aprender que cada perda, dor, corte, lesão e cada "não" recebido podem ser usados como uma lição para melhorar.

Entender que a dor é apenas parte do jogo. Um dia você pode levar um empurrão, mas relevar e continuar o jogo é a arte de resistir e perseverar, respeitando as regras da vida. Lidar com a vitória ou a derrota e também respeitar os adversários, mesmo que eles estejam agindo contra você. Aprender os valores necessários para o convívio em sociedade, como tolerância, inclusão e respeito. "Sacudir a poeira e dar a volta por cima" sempre fez parte da minha jornada, da minha história.

Aos 58 anos de vida, decidi escrever um livro para que as mulheres nunca desistam de si mesmas, para que se deem mais valor e que possam fortalecer não só o corpo, mas também a alma.

Escrevo para aquelas que já conhecem a própria força e também para as que desconhecem essa força que existe dentro delas. Este livro é como um mapa, que mostra o traçado de um percurso. Foi essa a minha trajetória – e ao falar sobre ela aponto os aprendizados e as superações que restaram de cada fase. Da mesma forma que é mais fácil fazer uma viagem quando podemos contar com um guia que já visitou cada um daqueles lugares, é reconfortante saber que, na vida, todos os desafios com os quais nos deparamos já foram enfrentados por outras pessoas, que trilharam aquele caminho antes de nós.

É claro que não sou a primeira nem serei a última a enfrentar esses desafios. Mas me sinto na obrigação de dividir não apenas as dores que senti, mas também o que encontrei depois da dor e em cada reconstrução.

Ao longo desta maratona que tem sido a minha vida, eu "suei o top", literalmente, e ainda sei que tenho muito a suar. Mas ficarei feliz em poder dar um "norte" para alguém que precisa de ajuda.

E ainda hoje enfrento vários desafios. Tenho pais idosos, de quem aprendi a cuidar – porque, embora sejamos naturalmente mães, é difícil quando percebemos que os papéis se inverteram e que quem precisa de nós a partir de um determinado momento são nossos queridos pais.

Minhas filhas, Thabata, que é arquiteta, e Bruna, publicitária, são casadas e profissionais renomadas, e meu filho mais novo, Lucca, ainda mora comigo e é meu sucessor na educação física. Tenho o privilégio e a paixão de ter hoje três netos, Thiago, Malu e Tom, a quem dedico muito amor e energia. Meu trabalho é mais que uma grande realização, porque tenho a honra de ser uma autoridade no segmento de saúde do corpo.

Por tudo isso, sinto que chegou a hora de compartilhar com os demais o que gira em torno da minha vida. Quero que as pessoas, principalmente as mulheres, acreditem e confiem mais em si mesmas e encontrem a força escondida dentro delas.

1º ATO: RENASCENDO DAS CINZAS

Dizem por aí que morrer é bem mais simples do que renascer.

Quando você percorre um lugar que foi destruído, consegue perceber muitas coisas que não via quando estava tudo intacto. E o mesmo acontece conosco. Ao longo da vida, passei a agradecer pelos momentos em que tudo mudava e as coisas pareciam em ruínas, porque diante dessas mudanças eu ficava cada vez mais forte. As situações em que tudo corria bem nem sempre me fortaleceram ou trouxeram aprendizados.

Por ser mulher de uma geração que foi criada para se calar diante de tudo e ter sofrido muitos preconceitos que, hoje, já foram superados, vivi muitos episódios indigestos. Fui a criança que cresceu com os pensamentos de uma menina forte e ao mesmo tempo com o sonho de uma vida encantada. Que achou que um dia encontraria um príncipe que a levaria até um castelo. Que esse príncipe cuidaria dela como se fosse um cristal precioso, e que também seria carinhoso, romântico, cavalheiro, bondoso, amoroso, gentil, companheiro e parceiro na saúde e na doença. Que seria incapaz de me fazer chorar; ao contrário, ele só me faria feliz.

Por isso vou te dizer uma coisa. Seja lá qual for a sua idade, é bom que você saiba desde já: por mais que a gente acredite em contos de fadas, por mais que nossos sonhos sejam tão puros e bonitos, muitas vezes alguém vai te acordar e fazer enxergar a realidade nua e crua, e não o sonho. E esse alguém vai ser justamente a pessoa que você menos esperava, ou até mesmo aquele alguém em quem você depositava suas maiores expectativas.

Sim, minha amiga. São 58 longos anos. Enquanto escrevo este livro, caminho para os 59 com muito orgulho. É uma jornada intensa, mas hoje, com a maturidade e o reconhecimento, aprendi muita coisa. Aprendi a viver depois de quedas, desafios, perdas, momentos delicados e difíceis, e entendi a máxima "do fundo do poço não passa". Nem sei se isso basta para poder compartilhar o que aprendi, mas adianto que adoraria que alguém tivesse compartilhado comigo suas experiências para evitar que algumas experiências fossem vividas.

O esporte me proporcionou aprendizados, mas foram as minhas experiências que me fizeram descobrir que a grande conquista da vida não é nem nunca será só ganhar dinheiro, a fama ou o sucesso, muito menos um casamento perfeito. A grande conquista é conseguir ter bem-estar em todas as esferas. Bem-estar físico, emocional, mental e espiritual para que assim possamos gerenciar tudo na vida. O autoconhecimento é o ponto-chave na busca pela plenitude em todas as esferas da vida.

A sensibilidade feminina tem dois lados, e digo isso porque sempre fui uma pessoa extremamente sensível e intensa. Desde criança, em tudo o que toco deixo a minha alma, emoção, tempo, dedicação, carinho, empenho e energia. Chega a ser palpável. Acho que nascemos com alguns dons personalizados e únicos.

Costumo dizer que as minhas emoções falam, de tão fortes que elas são. E, por mais que meus momentos de felicidade sejam transbordantes, na tristeza minhas emoções são acompanhadas de lágrimas e dores no peito. Uma desordem emocional que se torna incontrolável. É difícil navegar por mares turbulentos, mares que deixam a alma esgotada como um tsunami devastador.

Você vai entender o que digo quando terminar de ler tudo que vivi e aprendi. Ainda que este não seja apenas um livro de histórias reais, é com as minhas histórias que pontuo os ensinamentos que pretendo transmitir a você. Porque não fui uma aprendiz que ficou apenas sentada ouvindo. Fui uma aprendiz que suou para passar de ano e que enfrentou provas difíceis. Cheguei inclusive a pensar que jamais conseguiria continuar.

As dificuldades podem aparecer de um dia para o outro.

Falar em acreditar em si mesma parece um discurso repetitivo, mas no fundo é o que a gente precisa fazer o tempo todo. Porque a sociedade e a vida querem nos desacreditar e nos desafiar, sobretudo quando somos mulheres. Querem nos jogar baldes de água fria e puxar nosso tapete, e fazer nossas realizações virarem pó.

Já ouvi que não posso expor o corpo de biquíni na minha idade, que "onde já se viu" namorar homem mais novo, que já passei da idade de usar vestido curto. Se bobear, tem gente que acha perigoso uma mulher dirigir seu carro pelas ruas da cidade. Que nosso papel aqui nesta vida é cuidar de casa, filhos e marido.

Também ouvi muitas vezes que eu não seria mais que uma "professorinha de ginástica" nesta vida, que devia experimentar limpar a casa e fazer comida em vez de trabalhar fora, que eu não poderia sair por aí dirigindo um carro, que nasci para ser uma boa mãe e dona de casa. E eu imagino que não seja a única a ouvir isso. E acredite: tudo que sempre fiz, com todas as forças, despendendo energia, foi seguir no sentido contrário.

Tenho certeza de que nada do que eu te disser será novidade, porque certamente você já ouviu as mesmas coisas em algum lugar. E pior que ouvimos com frequência que a mulher não pode ser o que deseja ou brilhar fora do lar. É como se fôssemos reféns das vontades dos outros.

Quem disse que não podemos? Onde está escrito nas leis que não podemos ser fortes, independentes, seguras, decididas, determinadas, independentemente de sermos, com muita honra, donas de casa, mães ou avós?

Onde está a cartilha que dita as regras sobre o que as mulheres podem e não podem fazer?

Aos 58 anos de idade — e você vai reparar que repetirei isso várias vezes aqui, porque a minha idade é motivo de orgulho e traz a minha experiência como bagagem —, eu me amo e me respeito. E acho que me amar foi uma grande conquista e serviu de base para que eu ganhasse uma força ainda maior.

É difícil sermos reconhecidas na vida profissional e na vida em geral. Muitas mulheres se veem diminuídas e se acham pequenas porque não conseguem encontrar força dentro de si mesmas. Por algum tempo, insisti em relacionamentos nos quais eu aceitava o pouco que me era oferecido e concordava quando opinavam sobre o que era melhor para a minha vida. Aceitar migalhas afetivas me ensinava que eu tinha que ser boazinha. Isso me fazia ser uma pessoa pela metade, desamparada e diminuída. Muitas, como a Solange daquele tempo, suportaram relacionamentos abusivos sem saber que se tratava de um relacionamento abusivo. Muitas se doaram, e se doam, de todas as maneiras para suprir as carências dos outros e nem sequer se olham no espelho para se enxergar ou perceber o quanto são valiosas.

E vou te contar um grande defeito meu que ainda não consegui corrigir totalmente: sou perfeccionista e gosto de tudo em ordem.

Organizar as coisas sempre me trouxe certa paz de espírito. Ao mesmo tempo, crio expectativas como ninguém. Eu me cobro exageradamente pela perfeição e nunca poupo esforços para que as pessoas ao meu redor estejam felizes, já que a felicidade delas provoca em mim um estado de ânimo positivo. E elaboro histórias e momentos na cabeça antes de eles acontecerem. E claro que muitas vezes a diferença entre expectativa e realidade me frustrou tremendamente.

Também já me fiz muitos questionamentos. Será que ao longo da vida me anulei por me doar tanto? Como filha, mulher, esposa, mãe, amiga e até como profissional?

Só que na vida as respostas não surgem de um dia para o outro. Tudo leva tempo, nosso grande aliado se sabemos como usá-lo a nosso favor. Foi exatamente no fundo do poço que eu me reencontrei comigo de novo. Foi quando estava machucada, desamparada e desiludida que criei forças para saber a hora certa de partir. Me redescobrir e não ficar focada no que tinha acontecido de ruim; me abraçar forte e saber que era a hora de seguir em frente e partir sem medo de ser feliz. Porque compreendi que, para recomeçar, eu precisava, em primeiro lugar, cuidar muito de mim e saber a hora certa de dar o primeiro passo.

Hoje tudo que eu quero é transmitir o que aprendi durante essa jornada. Não importa se você tem 30, 40, 50 ou 60 anos: o que importa é que consiga encontrar a sua própria força e atingir o seu ápice. Vejo os grandes desafios das mulheres modernas e constato que a maioria delas está exausta. Fisicamente, emocionalmente e espiritualmente. Elas se doam tanto para os outros que não sobra um pingo de energia para si. A autoestima fica um lixo, porque, quando não se amam, as pessoas se entopem de porcarias. Elas não se dão conta de que o corpo é um veículo de vida, que as leva para onde desejarem. Nosso templo sagrado. No fundo, estocamos comida e bebida para sentir algum prazer na vida quando esquecemos de nós mesmas. Como se o mundo pudesse ficar mais doce com uma barra de chocolate cheia de açúcar. Doce ilusão!

Equilibrar os papéis todos – de cuidados com os filhos, com os pais, com o trabalho, com a casa – e ainda se sentir bem é um desafio moderno.

É comum vermos mulheres em crise, destruídas por dentro, maltratadas pela vida, que mutilam a si mesmas, respirando e sobrevivendo com migalhas que lhe sobraram.

Meus ouvidos ainda doem quando recordo de certos episódios que me fizeram sentir menor do que eu era. Bem pequenininha e insignificante. Queriam que eu não fosse nada, porque quanto menor eu fosse, maiores eles seriam. Isso aconteceu em várias esferas da vida.

– Você vai ser o que na vida? Só uma professorinha de ginástica?

Quando ouvi isso, tinha 25 anos. E essas palavras agrediram meus ouvidos e minha alma profundamente. Era o momento mais vulnerável da minha vida.

Eu tinha acabado de me separar, depois de cinco anos de tentativas incansáveis de um recomeço. Para os olhos de quem via de fora, o casamento era perfeito. Eu mesma um dia acreditei que pudesse ser, pois, aparentemente, tudo combinava e era perfeito. Mas a realidade era bem diferente. Éramos bem jovens e ele tinha dificuldade em amadurecer e reconhecer que não estava mais solteiro e que tinha responsabilidades como companheiro.

Estava sozinha, me sentindo tão pequena, desamparada, desiludida, desacreditada, com duas filhas pequenas, de 4 e 2 anos, e um dia, sem suportar me ver tão perdida, resolvi me abraçar e começar, a partir daquele momento, a cuidar mais de mim e me dar o valor merecido. Eu sabia então que era hora de partir e me reconstruir com aquelas migalhas do que havia sobrado de mim.

Estava então com duas crianças sob minha guarda, sem trabalho e sem dinheiro para arcar com qualquer despesa. Totalmente dependente, mas determinada a não voltar atrás na minha decisão.

Imagine o que é se sentir derrotada e humilhada ao mesmo tempo que você está decidida a buscar uma nova vida sem saber por onde nem como começar.

Eu precisava me reerguer. Definitivamente, precisava reencontrar a minha identidade e voltar a ver no espelho aquela Solange forte, segura e confiante que na adolescência tinha aprendido as regras da vida no esporte. Ela estava escondida em algum lugar ali dentro. Mas até mesmo quando eu me olhava no espelho, não conseguia me ver.

Não havia muitas escolhas. Embora eu não dissesse nada para minhas filhas, que ainda eram pequenas, elas sentiam a minha angústia na voz, percebiam o coração destroçado, a vida e os sonhos escorregando pelas mãos.

Um divórcio, por mais que tenhamos motivos para levá-lo adiante, é sempre um grande luto e uma dor profunda, porque nós idealizamos uma relação perfeita e feliz. Eu cresci imaginando esse conto de fadas com um príncipe encantado. Uma vida em família para sempre juntos e felizes até que a morte nos separasse.

É um choque de realidade muito grande perceber que tudo aquilo que sonhamos era apenas um sonho. E, com o pesadelo que fica, a gente ainda precisa se reerguer. Ter coragem, pois, além do destroço emocional, fisicamente precisamos de forças para construir alguma dignidade e manter a cabeça erguida.

Éramos minhas filhas e eu. Eu e elas. A Bruna e a Thabata, minhas grandes amigas e companheiras, minhas inspirações. Elas eram tudo que eu tinha. E esse tudo era muito, mas eu não queria que elas apenas sobrevivessem. Eu queria que elas um dia se orgulhassem de mim. E isso passou a ser um desafio. Queria continuar sendo uma mãe amorosa, atenciosa, e ainda prover tudo que elas precisassem sem que sofressem nenhuma consequência da separação. Eu queria que elas tivessem uma vida mágica, que uma varinha de condão pudesse deixar o dia delas mais bonito e colorido. E fazer tudo isso se tornar realidade parecia o maior desafio.

Só que eu estava com uma mão na frente e outra atrás. Literalmente. E a única coisa que sabia fazer era me preparar para o mundo da atividade física, que estava chegando no Brasil.

Ainda me lembro daquela madrugada. Acordei de repente, na casa do meu pai, e olhei para minhas filhas, dormindo como anjos ao meu lado, e então resolvi conversar com o meu Deus. Queria encontrar forças e um caminho. Sabia que tudo tinha um tempo certo, mas questionava, chorando e com o coração apertado: "Meu Deus, me ajuda. Eu preciso encontrar um caminho. Me mostre a direção que eu sigo em frente".

Estava cansada de sofrer humilhações. Ser uma mulher separada ainda era motivo de chacotas e me lançavam olhares desprezíveis aonde quer que eu fosse. Sozinha e escondida no canto, eu chorava e pensava: "Meu Deus, eu sei que o Senhor está aí. Sei que está me ouvindo. Sei que as coisas não acontecem quando eu quero e desejo, mas eu tenho um dia pela frente. Que eu consiga dar tudo o que minhas filhas precisam amanhã".

Não sei se você já se sentiu assim, sem forças, sem esperanças, com medo, insegura, mas com muita fé de que estaria sendo ouvida. Era assim que eu me fortalecia, dia após dia. Confiando que eu precisava agir, que uma luz no fim do túnel ia aparecer. Que aquele não era o fim da estrada, mas só um grande começo.

Para mim, só existia aquele dia pela frente. Mas eu sabia que precisava vencer aquele dia. Precisava de força, esperança e alegria. Eu, que durante tantos anos tinha fortalecido os músculos do corpo, estava ali, ajoelhada, tentando fortalecer os músculos da alma. E eles doíam. Minha alma estava rasgada, sangrando.

Fui me encolhendo naquele choro, tentando não me lembrar de tudo o que tinha me magoado. Aquelas humilhações, palavras que me diminuíam, gestos e atitudes que na verdade eram apenas imaturidade e inexperiência, não por pura maldade, mas que me feriram a alma tão fundo que até hoje, quando lembro daqueles momentos, me arrepio. Só que eu precisava me reerguer, recomeçar de novo e reconstruir uma vida despedaçada.

Então lembrei da história que me contavam sobre o meu nascimento.

Minha família tinha perdido tudo num incêndio na fábrica de cortiça do meu pai e da família Frazão. Quando nasci, a tragédia tinha acabado de acontecer. Meu pai e todos os seus irmãos, meus tios e tias, perderam tudo. Como a fábrica não tinha seguro, eles tiveram que recomeçar a vida do zero.

Eu já tinha renascido das cinzas um dia. Esse era o meu superpoder. E, mais uma vez, eu precisava renascer das cinzas. Encontrar a fênix que poderia estar ali dentro de mim.

Quando as crianças acordaram, sem sequer perceber tudo o que tinha se passado dentro de mim naquela longa noite, notei o olhar de cada uma delas. Só quem é mãe sabe o quanto o olhar de um filho nos traz força. É como se ele despertasse a força de uma leoa que sai à caça. Um rugido interno que não nos faz desistir, que nos diz "ei, nada vai te abater, levanta essa cabeça e vai à luta".

Eu precisava fazer alguma coisa. E rápido. Peguei um papel e uma caneta e comecei a escrever quais eram os meus sonhos. Eram muitos. Tantos que escrevi em mais de dez páginas da minha agenda. Não parava mais de rascunhar naquelas folhas de papel. Organizei uma a uma por prioridade e respirei fundo, abraçando bem forte aquela agenda, que conservei como um tesouro. Minhas palavras naquele dia foram: "Mãos à obra, guerreira. A partir de hoje os dias estão contados para a realização dos seus sonhos".

Me agarrei à ideia do renascimento. Eu tivera uma vida de tantos aprendizados, como poderia ignorar aquilo tudo? Precisava me organizar. Entender meus pontos fortes e agir. Agir sem pensar na possibilidade de fracassar.

Resolvi fazer dos meus primeiros passos um desafio. Eu amo desafios. Eles me provocam, despertam minha capacidade e meu poder. Vencer o que parece impossível fez parte de toda a minha adolescência. A palavra "impossível" só existe se não tentamos algo.

Naquele dia, minha primeira providência foi ir até uma banca de revistas e a uma livraria. Cheguei em casa com jornais, revistas e livros e comecei a me atualizar em tudo o que tinha perdido naqueles anos. Passei a estudar, pesquisar, assistir a vídeos, visitar as academias mais próximas apenas para ver o que estava acontecendo. Comecei a conversar com pessoas influentes, fazer amizades. Também passei a assistir a telejornais e a me inteirar das notícias. Era o que estava ao meu alcance naquele momento.

Deus começou a me mostrar que tudo dependia de mim e que eu precisava ir com calma, sabedoria e inteligência.

Eu me atualizei por mais ou menos 12 meses. Não medi esforços: não tinha sábado, domingo nem feriado que me fizesse descansar ou relaxar. A agenda com meus sonhos listados estava ao meu lado dia e noite, e me fazia estudar sem parar. Todas as madrugadas eu retomava minha conversa com Deus, e assim segui por um ano de muita dedicação.

Comecei então a me sentir preparada para colocar meus planos em ação. Lembro que, nesse período de imersão e atualização, assistia diariamente a algumas fitas de vídeos de ginástica de mulheres que eram referência em fitness nos Estados Unidos. Uma era a Jane Fonda e a outra, a Cindy Crawford. Coloquei nos meus sonhos o desejo de me especializar e de um dia poder apresentar uma aula de ginástica completa como a delas.

Era tudo que eu sabia fazer naquele instante e foram minhas experiências até aquele momento que me fizeram dar luz e vida aos meus sonhos.

Lembro que passei dias e dias com um aparelho de som de fita cassete do meu pai. Combinei algumas músicas e montei minha primeira aula de ginástica.

Nesse momento eu me sentia segura para dar a largada. Hoje vemos muitos jovens que começam na carreira pedindo grandes investimentos em startups, com ideias na cabeça, contudo pouca obstinação para colocá-las em prática. Pessoas que se gabam de títulos, mas não põem a mão na massa. E outras que cultivam ideias sem as colocar em prática, porque dizem que a sorte não sopra a seu favor.

Tudo que eu tinha era uma ideia e a vontade de me tornar a minha melhor versão. Tudo que eu tinha era um preparo ao qual havia me dedicado sozinha, acreditando na minha capacidade e nos meus sonhos.

Era uma manhã de sol quando saí de casa decidida a conseguir dar aquela aulinha de ginástica. Eu podia não ser gringa, mas nada me diferenciaria das duas musas do mundo fitness, Cindy Crawford e Jane Fonda. Se elas tinham conseguido tantas marcas e licenciamentos lá fora com a força de suas aulas cheias de ritmo, qual seria o empecilho para que eu conseguisse levar meu sonho adiante?

Cheguei confiante a uma academia que já estava nos meus planos. Tinha colocado uma roupa adequada, como se eu fosse apresentar um programa de televisão enquanto dava aula. Além disso, tinha um sorriso confiante. A dona da academia badalada era estrangeira e eu não falava inglês, mas não me intimidei. Pedi para o coordenador transmitir minha mensagem a ela.

— Eu tenho uma aula que gostaria de apresentar para vocês.

Era só eu, minha cara e coragem. Tudo que tinha a oferecer era uma aula de ginástica localizada, com ritmo e aeróbica. Era praticamente um exercício para a autoestima feminina, e ali eu tinha colocado tudo que estava ajudando a me dar musculatura – e forças para continuar.

– Já temos aulas aqui. Obrigado.

A resposta não foi a que eu esperava. Mas eu estava decidida a não aceitar um não. Os olhos da Bruna, minha filha mais velha, vinham na lembrança o tempo todo. Diante da recusa, uma lágrima insistente tentou aparecer, mas abri um sorriso. Era meu melhor sorriso, um sorriso que tentava esconder o desespero de uma mãe sem qualquer alternativa, com duas filhas pequenas e sem dinheiro. Eu sabia dar aquele sorriso. Não era falso, e sim uma das minhas forças. Esse sorriso desarmava muita gente, pois com ele aparecia minha verdade. Mostrava minha essência misturada com muita verdade e a pureza de um coração desesperado.

No fundo, eu queria chorar. Mas eu sorri. Porque acreditava. Acreditava que eu era capaz. Acreditava que podia dar uma aula incrível, como eles nunca tinham visto. Acreditava que tudo que eu precisava era de uma oportunidade para mostrar meu trabalho.

– Olha, eu tenho uma proposta – falei, tentando não deixar a voz trêmula. – Dou uma aula por semana durante três meses e, se quiserem me contratar, me contratem. Faço isso durante três meses, sem precisarem me pagar, só para vocês conhecerem o meu trabalho.

Ele me olhou desconfiado e traduziu para a dona da academia aquilo que eu havia dito. Era estranho uma mulher chegar ali e oferecer um trabalho de graça. Acho que nunca tinham visto aquilo antes.

– O.k. Se você quer dar uma aula e não precisamos pagar nesses três meses, tudo bem. Pode vir na quinta-feira, às sete da noite.

No dia combinado lá fui eu, com uma roupa de ginástica nova e o tênis da moda comprado com dinheiro emprestado do meu pai, sorriso de orelha a orelha, me sentindo como se estivesse estrelando as fitas de vídeo americanas. Como não tinha perfume, comprei um sabonete delicioso, o mais caro da farmácia. Ninguém fazia ideia de tudo que eu estava sofrendo e passando e da esperança que tinha de ser reconhecida e adorada por todos. Não percebiam que eu estava desesperada, com duas filhas pequenas, recém-separada, e precisava me reerguer e me reencontrar no mercado de trabalho. Eu tinha que fazer a diferença para me restabelecer. Queria também ser motivo de orgulho para minhas filhinhas.

Ninguém sabia de nada. Do meu medo em relação ao futuro, das minhas conversas com Deus, das humilhações que eu já tinha sofrido. Ninguém sabia tudo que se passava na minha cabeça quando queria me destruir, nem o que eu dizia para mim mesma quando combatia esses pensamentos. Era eu ali, tentando vencer meus medos, tentando acreditar que um dia aquele esforço seria recompensado. Tentando construir algo que deixasse minhas filhas orgulhosas. Eu nem sabia o que exatamente iria construir, mas sabia que não ia desistir sem tentar. E sabia também que precisava de dinheiro. Por mais que estivesse trabalhando de graça, era uma semente que eu plantava para poder colher os frutos depois. E eu plantei nesse dia a minha sementinha.

Vou dizer uma coisa para você: nunca subestime a força de uma mãe e de uma mulher.

Com aquele sorriso, entrei na sala e dei a primeira aula. Eu conversava com as alunas, era atenciosa, perguntei o nome de todas e as chamava pelo nome. Dei uma aula que realmente faria a diferença na vida e no corpo das mulheres. Era extremamente funcional, uma aula show, cheia de interatividade, energia, charme e beleza.

Na semana seguinte a sala tinha dez alunas a mais. As alunas tinham chamado algumas amigas e estavam em maior número. Na terceira semana, a sala estava lotada. Algumas pessoas assistiram da porta. E na quarta aula eu recebi daquele mesmo coordenador uma proposta:

— Queremos te fazer um convite.

As alunas perguntavam que aula era aquela da qual estava todo mundo falando, e como a procura era grande, eles queriam me oferecer outros horários, além de um contrato longo de trabalho.

Voltei para casa com o coração explodindo de alegria. Era uma vitória pessoal. Corri para minhas anotações e risquei meu primeiro sonho realizado. O dinheiro era pouco, mas literalmente vinha do meu suor. E não tem dinheiro mais digno do que aquele que vem do nosso trabalho, especialmente quando fazemos uma coisa que amamos. Eu estava ali, de corpo e alma, dando o meu melhor. Pude sentir até a felicidade de Deus por mim.

Eu não ia ser uma "professorinha de ginástica". Eu ia ser "A PROFESSORA" de ginástica. Eu queria na verdade inovar, iniciar uma nova temporada de vida no mundo fitness. Desejava que as pessoas ouvissem falar de mim. Queria criar uma cultura nas academias.

Nas semanas seguintes, minhas aulas foram ficando cada vez mais incrementadas. Era aula de localizada misturada com aeróbica. Eu ensaiava as coreografias em casa, desenvolvendo sempre algo diferente, e depois apresentava uma espécie de show a cada aula. Os movimentos ajudavam as alunas a resgatar a autoestima, e conversávamos sobre tudo naquelas salas, diante do espelho, movimentando o corpo. Elas me adoravam!

Naqueles dias eu me fortaleci. Física, espiritual, emocionalmente. Naqueles dias aprendi a jogar o jogo da resiliência, da persistência, da coragem. Estava começando a entender que tinha um longo caminho a percorrer, que a vida não seria fácil, mas que com um sorriso no rosto e confiança eu podia chegar aonde quisesse.

Depois de um período muito turbulento e de sofrimento, comecei a viver uma fase muito gostosa, e não era o dinheiro que me proporcionava aquilo. Era perceber que eu podia ali, do nada, construir um futuro para mim e para as minhas filhas. Era perceber que eu ainda tinha forças e que nada me faria desistir.

Eu me dei conta de que renascer das cinzas era um superpoder. E que nada nem ninguém tiraria aquilo de mim.

EXERCÍCIO PARA FORTALECER A ALMA

Existe uma força dentro de cada uma de nós que nos permite reerguer após cada queda, cada turbulência da vida. E eu quero despertar essa força dentro de você.

Minha proposta é que, no final de cada capítulo, façamos juntas algumas reflexões. Acabei de me desnudar neste primeiro ato. Quero que você faça o mesmo. Nas linhas a seguir, escreva:

Qual é o seu superpoder.
_____
_____
_____
_____
_____
_____
_____
_____
_____

O que você gosta de fazer, o que faz bem e, ao seu redor, o que te traz forças para seguir em frente.
_____
_____
_____
_____
_____
_____
_____
_____
_____

Agora, vou dar um exemplo. Se estivesse naquele momento da vida, sem saída, como poderia fazer este exercício?

O que eu faço bem?
Com todas as experiências de vida, sou uma inspiração para as mulheres em tudo.

O que me traz forças para continuar e lutar?
Minha família, filhos, netos, pais e irmãos.

Que tipo de mudança é preciso para fazer o que gosto e sei fazer bem, usando essa força como combustível?
Decidir evoluir. Ação. Atitude.

Quantos nãos vou suportar receber?
Talvez muitos, mas nunca deixarei a certeza do sim sair de mim.

Meu pensamento grudado na porta da geladeira:
Antes de orar, acredite.
Antes de falar, ouça.
Antes de gastar, ganhe.
Antes de escrever, pense.
Antes de desistir, tente.
Antes de morrer, viva!

2º ATO:
O JOGO
DO CONTENTE

Quando criança, li um livro que me marcou muito: a história de Poliana. Poliana era uma menina órfã que tinha aprendido com seu pai, enquanto ele ainda era vivo, a ver a parte boa de todas as coisas. As coisas ruins sempre a despertavam para o jogo, porque o desafio era exatamente este: enxergar algo que a deixasse contente, apesar do caos, apesar da tristeza, apesar de estar numa situação difícil.

Confesso que eu assimilei essa forma de agir.

Eu era uma criança contente, que sempre buscava encontrar uma razão para sorrir. Na época morávamos numa casa bem simples no Parque Continental, em São Paulo, para onde nos mudamos depois do incêndio na fábrica da família Frazão em Minas Gerais.

Como todo recomeço, aquilo tinha sido difícil para nós.

Mas eu ainda era criança e, como todas as crianças, gostava de brincar. Brincava de pique-esconde, amarelinha, pega-pega.

Meu irmão mais velho, Renato, e eu, quando ficamos maiorzinhos, saíamos na rua para correr, jogar queimada, handebol e futebol. Mesmo sem ter uma bicicleta como as outras meninas da rua, ou brinquedos, ficava feliz em olhar o copo meio cheio quando papai dizia:

— Filha, agora o papai não pode comprar. Precisamos aguardar mais um pouco.

Eu não sabia exatamente o motivo, mas entendia que precisava ser feliz com o que tinha. E era mesmo! Ainda que fosse pouco, aquilo parecia sempre algo novo e me preenchia por completo. Correr na rua era melhor do que qualquer brinquedo moderno que ele pudesse me dar. Disso eu não tinha dúvida.

Enquanto papai se virava como comerciante, mamãe costurava em casa. E era assim que meus dias se passavam — quando a danada da dor de garganta não insistia em me botar de cama e me impedir de brincar.

Eu tinha 7 anos. Depois de inflamações constantes e febres altas, um dia um médico decidiu que seria melhor operar as amígdalas. Lembro que meu pai falava que eu precisaria ir para o hospital e eu não conseguia ver uma parte boa naquilo. A palavra "hospital" já me assustava – e, embora ele dissesse que eu poderia tomar um monte de sorvete depois da cirurgia, eu não sabia direito se valia a pena um sacrifício tão grande só para comer uma coisa gostosa.

Na dúvida, no dia da cirurgia, me escondi. Meu pai me procurou por toda a casa e, quando me encontrou, eu estava debaixo da cama, bem encolhida como um caramujo.

Ele me puxou pelos pés e disse que eu precisava fazer aquilo. No fundo ele também sabia que ia ser difícil, mas queria me dar a sensação de que estava tudo bem.

No caminho, enquanto estávamos no táxi de um amigo dele, eu cobria os olhos e chorava. Tinha medo só de pensar no que viria a seguir, e, quando chegamos ao hospital, fiquei horrorizada com aquele ambiente. Era frio, as pessoas tinham caras tristes e roupas brancas e frias. Era como sair do meu mundo encantado para um lugar sombrio, onde eu não queria estar.

Só que o pesadelo estava apenas começando. Quando as enfermeiras me tiraram de perto do papai e entraram comigo na sala de cirurgia, comecei a gritar. Um pânico de ficar ali sozinha sem saber o que ia acontecer. Para piorar, elas me mandavam ficar quieta.

– Fica quieta. Menina mimada, para de gritar. Fica quieta! Nós vamos te amarrar, sua chatinha!

Meu coração estava disparado. Eu pensava em tentar fugir delas. Estava apavorada. Como não conseguiam me segurar, elas amarraram meus braços e pernas. Sem toda a liberdade com a qual estava acostumada, sem a vida doce com a qual eu gostava de sonhar, só me restava pensar nas palavras de papai: "você vai poder comer todo o sorvete que quiser".

Fechei os olhos enquanto elas colocavam brutalmente um pouco de éter no meu nariz para que eu adormecesse, mas o terror continuou. Eu sentia tudo, ouvia as vozes, mas não conseguia me mexer. Era como se estivesse dentro de um buraco escuro. Enterrada. Sentia frio, pois a sala de cirurgia era gelada. Quando aquelas horas de terror acabaram, acordei e vi meu pai com dois sorvetes na mão, mas vomitei. Eram coágulos de sangue por todo o chão do hospital.

Daquela experiência restou um trauma que me acompanhou durante muito tempo. A criança contente e alegre tinha dado lugar a uma menina apavorada, medrosa, que pedia para a mãe beliscá-la porque achava que estava adormecida. Um tipo de pânico infantil. O escuro trazia a lembrança daquele dia, e eu não conseguia mais dormir sozinha sem meus pais.

As dores de garganta sumiram com a cirurgia, mas daquele trauma veio a asma, que surgia nos momentos de desespero. Eu sentia vontade de respirar, mas o ar não era suficiente.

Para minha sorte, desta vez encontramos um médico que salvou minha vida receitando esportes. "Ela precisa fazer esportes", ele disse, prescrevendo movimento para que eu vivesse bem. Um movimento que não pararia mais.

Se havia um ganho para a asma, esse era o ganho. Eu podia fazer esportes. Primeiro foi a natação, e depois de um tempo minha mãe conheceu uma mulher que dava aulas de balé na própria casa.

O nome dela era Cristinne Sandor. Ainda lembro da primeira vez que a vi. Tinha um andar elegante, uma postura impecável, um sorriso leve, uma voz harmônica. Além de tudo, era casada com um violinista que tocava nas aulas e com quem ela trocava abraços carinhosos o tempo todo.

Meu ideal de vida tinha nome e sobrenome: eu queria ser como aquela mulher. Queria ter aquela aura tão especial e, quando crescesse, queria me casar com um príncipe, que seria tão amoroso comigo quanto o marido da Cristinne era com ela. A admiração era tanta que, depois de alguns anos, quando eu já tinha 13 anos e meu pai mais uma vez disse que não conseguiríamos comprar a tão sonhada bicicleta, tive uma ideia:

— Papai, eu quero dar aulas de balé.

Ele me olhou de um jeito carinhoso e eu continuei:

— Nós podemos usar um quarto aqui no fundo de casa e eu chamo as minhas amiguinhas. Vou ser a mentora e professora.

Ele acenou com a cabeça, num gesto positivo, e me deu aquele voto de confiança. Pulei no pescoço dele, feliz com a oportunidade. Ia fazer uma das coisas que mais gostava e ainda poderia ganhar dinheiro com as aulas. De alguma forma eu poderia ajudar em casa ou mesmo comprar minha bicicleta.

Comecei a anunciar a novidade para todas as meninas da escola e logo já tinha oito alunas, com as quais dividia tudo que sabia. Não lembro ao certo quanto tempo levou até que eu conseguisse guardar dinheiro suficiente para comprar a tão sonhada bicicleta. Porém, mais importante que a bicicleta foi o aprendizado que tirei dessa experiência: saber que meu talento podia me dar dinheiro era uma coisa que me deixava com o coração aquecido.

Eu ainda era uma pré-adolescente, mas aquela experiência tinha me empoderado. Hoje, depois de tantos anos, sei que o balé me trouxe equilíbrio, postura, autoestima, autoconhecimento e até mesmo capacidade de gestão, além de muito prazer e realização.

Ninguém sabia o que era acalmar a mente, ou mesmo meditar, mas a gente sabia que aquilo tinha certo poder: a música, a concentração, a força, o equilíbrio e fazer pensar apenas no momento presente.

Se eu soubesse na época quanto aprendizado estava contido naquelas aulas!

Sempre fui fã incondicional do meu irmão mais velho. Renato era para mim um mentor. Ele era bom em todos os esportes. Por isso eu o seguia desde sempre e aprendi muito com ele sobre os esportes.

Eu abria espaço para o jogo da vida — que era aprendido dia após dia. Na escola, me destacava em educação física por amor verdadeiro aos esportes. E aquilo de certa forma me aproximava cada vez mais dos hábitos saudáveis que eu levaria para a vida toda.

Enquanto as outras adolescentes começavam a descobrir o cigarro, eu não gostava daquele cheiro nem do que ele proporcionava.

Nesse período também comecei a entender que no jogo da vida sempre encontraria adversários dos mais diversos tipos. Uma das adversárias era a menina mais admirada por todos. Ela não fazia nada contra mim, aliás éramos amigas, exceto pelo fato de ela despertar um sentimento que eu não sabia que existia – a vontade de ter algo que ela tinha e que eu não poderia ter naquele momento.

A danada tinha só 14 anos e chegava de moto na escola. Uma moto grande e bonita. E tudo que eu queria era ser como ela: ter uma moto significava ser independente, livre e adulta, e ter certa autoridade.

Como eu não poderia comprar uma moto nem ganhar uma do meu pai, tive uma ideia: enquanto meu pai dormia após o almoço de domingo, eu pegava a chave do carro dele escondida e dava ré na garagem. Depois, com mais confiança, dava uma volta na rua para aprender a dirigir. Depois de um tempo, quando me senti mais confiante, fui de carro até o clube onde as meninas e os meninos se reuniam à tarde. Aquilo para mim era mais uma forma de poder mostrar que eu era livre e independente. Estacionei o carro do meu pai e entrei, avisando todas as meninas, inclusive a motoqueira, que eu estava de carro.

Elas ficaram empolgadas, pediram carona, e eu comecei a fazer aquilo mais vezes, até o dia em que percebi que a verdade sempre vinha à tona. Enquanto eu tentava me mostrar fazendo uma manobra diferente e mais rápida, bati o carro. Precisei ligar para meu pai me salvar daquela irresponsabilidade. Além de tudo, eu era menor de idade.

O resultado foi catastrófico: ele me deixou de castigo e eu fiquei um tempão sem pegar o carro ou colocar a cara na rua. Que vergonha! Mas aquilo mostrava que dentro de mim nascia o desejo de competir. E isso se tornou ainda mais evidente quando comecei a jogar no time de vôlei feminino no clube que frequentava.

Como sempre tive gana de vencer, o treinador me colocou como capitã do time. E eu aproveitava a oportunidade como capitã para ser a melhor jogadora. Dia após dia ia me empenhando em ser ainda mais aplicada, tanto na técnica como na energia. Aprendi muito sobre o esporte. Além das próprias regras e estratégias, o vôlei me ensinou a fazer uma alimentação correta antes e depois dos treinos. Aprendi naquela época que a alimentação trazia mais energia e força. Também aprendi sobre liderança, derrotas, saber perder, trabalhar em equipe, ter humildade para reconhecer que um dia perdemos e no outro ganhamos. Foram incontáveis aprendizados que levei para minha vida toda e que aplico até hoje no meu dia a dia. Estabelecer objetivos, autogestão, gerenciar expectativas, ter resiliência, respeito a si e aos outros, organização e disciplina.

Eu ficava chateada quando perdia? Lógico! Mas sempre olhava para trás e avaliava – será que dei o melhor de mim? Era assim que eu transformava as derrotas em aprendizados. E aplicava aquilo na minha vida.

Se eu sabia jogar o jogo do contente, entendia que o jogo da vida me ensinava muito mais. Eu entendia quando chegava ao meu limite, reconhecia a hora de parar, sabia buscar mais energia para conseguir a vitória. Era como se as regras, as responsabilidades e os horários fossem levados à risca o tempo todo.

Eu ainda era menina, mas já me levava a sério. Sabia que, quando estava na quadra, tinha que honrar minha posição e não podia desrespeitar minhas colegas nem minhas adversárias.

Então, como uma cortada, a vida trouxe mais um desafio para aquele momento em que tudo corria bem.

Com 16 anos, meus pais se separaram. Ficou acertado entre eles que ficaríamos sob os cuidados do meu pai, e minha mãe saiu de casa por escolha própria. Na mesma época papai sofreu um pré-infarto. Era uma situação difícil de entender para nós, que, ainda nos recuperando de um susto, lidávamos com um novo. Logo depois meu pai passou por um período de luto devido às mudanças. Sem ânimo e vontade de sair da cama, entrou no que chamamos de depressão.

Minha irmã Fabiana tinha apenas 3 anos, e eu passei a cuidar dela com mais afinco, além de assumir os papéis da casa que antes eram desempenhados pela mamãe, inclusive levar e buscar a Fabiana na escolinha. Logo depois, tivemos outra notícia: precisávamos mudar de casa. Papai estava com uma dívida muito grande. Tivemos que deixar a casa simples onde vivíamos para morar num lugar ainda mais desafiador.

Eu, que tinha tantos sonhos, passei a ver que a realidade não era tão fácil como parecia. O mundo não era apenas aquela zona de conforto nem um conto de fadas. Eu precisava trabalhar para ajudar em casa, porque via as dificuldades surgirem.

Do dia para a noite, de uma menina preocupada com o jogo de vôlei ou os confrontos para vencer as adversárias, passei a cuidar de uma casa, de uma criança de 3 anos, de um pai triste, e comecei a imaginar o que poderia fazer para mudar aquela situação. Eu me senti responsável por aplicar o meu pouco conhecimento em tudo o que estava por vir.

Era uma reviravolta e tanto no jogo da vida. Eu não tinha como seguir contente, mas sabia que poderia fazer alguma coisa.

Eu queria que o papai voltasse a sorrir, nem que fosse só de vez em quando. Não dá para ser feliz o tempo todo, mas eu não queria uma vida só de lágrimas.

EXERCÍCIO PARA FORTALECER A ALMA

A vida vai trazer desafios a todo instante, e nem sempre estaremos preparados para isso. Só que hoje vejo que podemos usar as armas que temos para nos fortalecer nos momentos em que nada parece conspirar a favor.

Agora eu te convido a enumerar todas as reviravoltas que aconteceram na sua vida, para que você se lembre como resgatou forças para sair de cada uma delas.

_____
_____
_____
_____
_____
_____
_____
_____
_____
_____
_____
_____
_____
_____
_____
_____
_____
_____
_____
_____
_____
_____
_____
_____
_____
_____
_____
_____

Como você conseguiu agir em meio ao caos? Relembrar sua trajetória te trará forças para continuar e enfrentar seja lá qual for o desafio atual.

Você já esteve em uma zona de conforto e a vida deu um jeito de te tirar dali? Quando isso aconteceu, você focou em quê? Geralmente olhamos para o que está nos incomodando naquele momento. Não conseguimos ver o lado positivo e ficamos cada vez mais desesperados, achando que estamos num túnel escuro sem saída.

Acontece que até as situações mais desafiadoras têm partes boas. Porque do lodo nasce o lótus; do carvão nasce o diamante. As pessoas reclamam das experiências difíceis, que certamente nos deixam traumatizados e transtornados, mas é nos obstáculos que tudo que aprendemos é colocado à prova.

Como eu poderia ter crescido sem desafios como aqueles? Na minha situação, eu poderia ter focado na dor de não ter minha mãe e amiga por perto num momento em que a adolescência me trazia mais dúvidas que certezas, poderia ter me rebelado enquanto via meu pai perdendo a vontade de viver. Poderia inclusive ter me revoltado e, por desespero, me recusado a assumir a responsabilidade por uma menina de 3 anos.

Mas entendi naquela circunstância difícil que as escolhas que eu faria é que determinariam meu destino. Porque não é o que acontece com a gente, mas sim como reagimos ao que acontece que faz a diferença em nossa vida. É isso que te tatua com o amadurecimento e a sabedoria, ou te faz amargar uma dor de dias cujo sofrimento não traz nenhum aprendizado.

O sofrimento virá, repetidas vezes, durante toda a vida, mas lamentar por uma situação ruim é o que promove aquele acontecimento a um status ainda pior, de que não temos o que fazer diante dele.

Sempre temos como reagir a um cenário inesperado, mesmo que ele seja de dor, de frustração, e mude o rumo das coisas.

Aquele episódio serviu para que meu amadurecimento fosse real. Eu só posso crescer quando entendo que tudo aquilo que vivi fez parte do meu aprendizado. Não posso simplesmente reclamar que a vida me trouxe dias em que eu não sabia como agir. Consigo enxergar pontos positivos neles.

Não quero que você se iluda, porque é preciso entender e encarar a dor quando ela vem, mas sabendo que existe a dor e que ela dói de verdade, o que podemos fazer com ela? Não dá para jogá-la para debaixo do tapete e ignorá-la. Também não dá para só ver a parte boa, como se aquele fosse nosso melhor momento.

No entanto, dá para enumerar o que podemos aprender com cada situação. Se hoje você passa por uma experiência difícil, tente fazer o exercício de olhar para o que está acontecendo e subir alguns degraus, observando a cena de outra perspectiva. Lá de cima vemos todos os ângulos do problema. Não fugimos dele e tampouco ficamos de frente para ele. Observamos do alto, para analisar o que vem depois, o que precisa ser feito e ter um panorama geral do problema.

Tudo passa, minha amiga. Tenha certeza disso. Só não se apegue ao problema, como se ele não fosse ter fim.

3º ATO: PRINCESAS EXISTEM?

Uma das coisas que você vai perceber até o fim deste livro é que sempre fui uma menina e depois uma mocinha condicionada a acreditar em contos de fadas. Por quê? Sempre fui romântica, sonhadora, e sempre acreditei que um dia iria conhecer uma pessoa que fosse como um príncipe de verdade, daqueles que nós idealizamos de formas diferentes, mas sempre com a imagem de um homem especial.

Sempre me recusei a acreditar que a vida pudesse ser difícil. Era aquela criança incansavelmente otimista, que queria encontrar uma coisa boa em tudo. Sempre via um toque de felicidade nas coisas e acreditava em finais felizes.

Ainda por cima, eu queria encontrar um namorado que fosse educado, gentil, amoroso, que se mostrasse apaixonado, romântico, que levasse flores, falasse de amor, abrisse a porta do carro, se ajoelhasse na hora de me pedir em casamento etc.

Apesar de estar lidando com a separação dos meus pais, achava que o amor era possível e que um dia eu teria um companheiro carinhoso que cuidaria de mim, como o marido da minha professora de balé, Cristinne, cuidava dela.

No fundo eu não me via como uma super-heroína. Eu aguardava ansiosa por um príncipe que pudesse corresponder aos meus anseios juvenis.

Não sei se você também cresceu com esse desejo, mas a verdade é que nós mulheres fomos condicionadas a acreditar que um homem pode nos salvar, nos acolher. Acreditamos tanto nisso que esquecemos de buscar a nossa própria força.

Eu tinha vivido dias de gata borralheira, mas queria ser a Cinderela, queria ser escolhida por alguém especial, que reconheceria meu valor e me faria sentir especial.

Se por um lado a situação de nossa família estava bem difícil, por outro eu não parava de pensar em maneiras de nos tirar daquele sufoco. Então, quando surgiu um concurso de beleza na cidade, decidi que iria participar.

Eu tinha o corpo bonito por causa dos esportes, tinha um cabelão comprido, de que eu cuidava muito bem porque minha mãe havia me ensinado a usar vinagre depois de lavar para dar brilho, e sabia que meu sorriso era verdadeiro. Estava acostumada a ouvir que sorria de verdade e às vezes me perguntava o que era sorrir de mentira, já que para mim aquela era o único jeito de sorrir.

Então, passei a acreditar nos meus dois ativos: cabelo e sorriso. Era eles que eu tinha, era neles que eu ia apostar.

Hoje, quando olho para trás, percebo que nos momentos em que mais precisei de força eu sorri, e o sorriso me salvou de várias destruições. O sorriso era quase uma arma que me impedia de desistir. Meu sorriso materializava meus sonhos. Era como dizer para o mundo: mesmo que eu esteja ferida, continuo acreditando em você.

Aquele concurso tinha uma razão de ser. Eu não ligava para ser a mais bonita, para ganhar o título. Eu queria mesmo era o prêmio, que hoje equivale a 5 mil reais. Esse valor serviria para acalmar o coração do meu pai, porque correspondia à metade da dívida que ele tinha.

Ao remontar esse grande painel que foi a minha história, entendo que olhar para a nossa trajetória de vida é como pintar um quadro com luz e sombra onde aparecem todas as nuances.

Se havia algo ruim nas pequenas tragédias particulares, eram elas que me levavam a descobrir e resgatar a força que eu mesma desconhecia.

A verdade é que a minha obstinação e tudo aquilo que eu tinha aprendido no esporte, como controle mental, pensamento focado e visualização da cena, conhecendo o adversário e superando meus conhecimentos, de fato me ajudaram e eu consegui aquele prêmio.

Meu pai, que a princípio não colocava muita fé que eu pudesse ganhar concursos de beleza nos quais havia muitas outras jovens que também estavam ali e eram linda e belas, ficou de queixo caído quando viu a filha trazer os 5 mil reais para casa. E ali eu vi a oportunidade de participar de outros concursos, porque descobri uma força nova.

Antes de começar, assim como nos jogos de vôlei, eu observava discretamente as adversárias e percebia os pontos fortes e fracos de cada uma. Algumas não tinham o sorriso largo e outras não tinham carisma, por mais que fossem mais bonitas.

Eu entendia que o que fazia alguém ganhar era um conjunto de atributos e não somente o corpo. Por isso, usava toda a minha confiança. Visualizava cada momento da vitória e queria encantar todo mundo.

Em cada desfile, eu fazia um verdadeiro ritual: enchia o cabelo de vinagre e sorria até doer as bochechas. Certa vez uma professora me pegou colando na prova e disse que meu sorriso era tão cativante que ela não tinha coragem de me dar zero. Ela me deu outra chance de fazer a prova sozinha e eu fiquei com aquela mensagem na cabeça: "meu sorriso sempre me salva".

Ganhar os concursos me dava confiança porque eu percebia que, de certa forma, poderia ir além. Que podia conquistar o mundo depois. Não eram concursos de beleza. Eram, para mim, concursos de atitude e confiança.

Até que chegamos ao Miss São Paulo depois de alguns concursos paralelos. Era um concurso importante, que me traria visibilidade, e eu já estava me apegando aos desfiles, levando jeito para a coisa. Só que, no dia da final, houve uma grande injustiça. Um dos jurados era namorado da miss de outra cidade e me deu zero em todos os quesitos, sendo que não era algo permitido. A menor nota possível era 1. Sendo assim, fiquei em segundo lugar, e a namorada do jurado que me deu zero venceu.

Meu pai ficou indignado. Aquilo despertou nele uma força que eu nem sabia existir. Chamou um amigo advogado para que, na justiça, pudéssemos ganhar aquela causa. E assim aconteceu, porque, mesmo que o jurado tivesse dado a nota mínima, eu teria ganhado.

No entanto, a Miss São Paulo conquistava uma vaga no Miss Brasil, e a moça que tinha ganhado o concurso acabou indo no meu lugar enquanto tramitava a briga pela coroa.

No dia em que o título foi dado a mim e eu teria que substituí-la no Miss Brasil, cheguei na casa onde todas as concorrentes estavam e ela começou a chorar. As outras participantes me atacaram, com raiva, e eu decidi renunciar àquilo tudo. "Mas, filha, ganhamos na justiça e agora você não vai tomar a coroa dela? Não vai para o Miss Brasil?"

A única coisa que eu dizia era: "papai, eu posso ir no próximo ano. Desse jeito eu não quero". Não havia prazer ou qualquer alegria assim. Perdera-se todo o encanto.

E foi justamente assim que aconteceu.

No ano seguinte, me inscrevi novamente para o concurso de Miss São Paulo, mas o sonho de ter a coroa parecia estar me perseguindo de outras formas. E, quando eu menos esperava, atravessando a rua, vi um verdadeiro príncipe. Ele saiu do carro, foi falar comigo, me ofereceu carona e eu recusei. Mas ele não deixou de me cortejar. Pronto. O sonho de menina, de ser princesa, de ser salva, de ser amada e tratada como uma rainha, era despertado.

Quando começamos a namorar, ele foi claro em dizer que não queria que eu ganhasse o concurso de Miss Brasil porque, dessa forma, poderíamos nos distanciar. Ele era muito jovem, ciumento, possessivo e machista. E então começou um grande conflito interno. Era melhor ganhar a coroa de Miss Brasil e perder o príncipe ou ganhar o príncipe e perder a coroa?

Na dúvida, eu preferia uma vida inteira ao lado dele. Queria ser sua princesa, ser tratada e amada como tal. Queria viver uma vida de conto de fadas na vida real.

No dia do desfile, usei todas as armas que tinham me favorecido, mas contra mim. E isso é para você ver como temos o poder de destruir a nós mesmas quando queremos ou de resgatar a confiança.

O cabelo, que era meu ponto forte, eu prendi quando tive oportunidade, para que não ficasse visível. E o sorriso, escondi. Como se estivesse desligado aquele holofote de luz que encantava a todos, em prol de uma vida inteira ao lado do meu príncipe.

Aquele seria o primeiro conflito entre trabalho e casamento.

O concurso foi em São Paulo no luxuoso Palácio das Convenções do Anhembi, com todo o glamour de uma final, para que fosse escolhida a mais bela brasileira que iria concorrer a Miss Universo. Mas eu estava decidida a perder. Sabia que preferia estar ao lado do meu príncipe.

Eu percebia seu olhar de desaprovação e sabia que, se eu ganhasse, terminaríamos tudo. Eu olhava para todos e estava decidida a não usar minhas forças e meu brilho para vencer aquela etapa do concurso.

Mas acabei obtendo o segundo lugar, e assim meus olhos ainda brilhavam, porque me via conquistando o que acreditava ser o meu grande amor.

Eu me casei logo depois, com todas as pompas de uma princesa e com direito a um vestido bem rodado como o da própria Cinderela. Meu sapato não era de cristal, mas era todo bordado de pérolas. O casamento foi na igreja mais bonita de São Paulo, como ele queria – a Nossa Senhora do Brasil. E como o padrinho dele era militar, entramos com as honras da apresentação das espadas cruzadas dos militares da Marinha brasileira. Tudo parecia um sonho.

Acreditando ainda no conto de fadas e na felicidade eterna, eu me deixei levar pelos dizeres da Bíblia de que a saúde e a doença nos manteriam juntos e que apenas a morte nos separaria.

Logo nos primeiros meses de adaptação do casamento, fiquei grávida da Bruninha, e algumas situações começaram a mudar. Aquele príncipe que eu tanto esperava que cuidasse de mim, que fosse romântico, companheiro, carinhoso e galanteador deu espaço para alguém inesperado e houve um desencontro de almas. Ele, de certa forma, me mostrou uma realidade contrária às minhas expectativas.

Minha primeira filha nasceu e tudo ficou ainda mais desafiador com aquela pessoa diferente do homem a quem jurei fidelidade na saúde e na doença. Embora eu enxergasse os desafios, ia sempre dando desculpas para mim mesma, de que era passageiro e que as coisas ainda podiam melhorar.

Aquele papel de mãe ao qual nos dedicamos incansavelmente não foi compreendido por ele, que ainda era um jovem bonito, cheio de vitalidade, mas sem experiência como pai e marido.

Por isso suas saídas noturnas não condiziam com a minha rotina de ser mãe aos 23 anos, e os desencontros iam se tornando cada vez mais presentes em nossa relação.

A vida foi seguindo, e, quando a Bruninha tinha apenas 1 ano e 2 meses, engravidei novamente. E veio a segunda filha. Eu as amava mais do que tudo e fazia absolutamente qualquer coisa por elas, mas estava angustiada por não estar vivendo o casamento que imaginava e que tinha certeza que viveria com aquele tão sonhado príncipe romântico e apaixonado.

Eu tinha renunciado ao trabalho por causa das duas gestações tão próximas e também pelo próprio casamento, e sentia que precisava fazer alguma coisa.

Os desencontros ficaram ainda mais constantes até que nossa relação se tornou insustentável e o destino nos colocou à prova.

Não sei se você já se sentiu assim, mas eu vou te dizer: não é uma coisa boa. Eu me sentia desvalorizada, diminuída e humilhada por estar me dedicando incansavelmente às minhas duas filhas, apostando que o meu papel de mãe seria valorizado por minha dedicação diária. Dia e noite, sem descanso, sem ajuda, noites em claro e assumindo todos os papéis que uma mulher às vezes é obrigada a assumir sozinha. Imagine isso dia após dia. Cuidar de tudo e de todos e ainda ser humilhada e desvalorizada. Confesso que tudo isso nunca foi um esforço ruim para mim; apesar de exaustivo, era muito prazeroso poder fazer a minha parte com o maior amor.

Muitas vezes eu nem mesmo penteava o cabelo e, às vezes, não tinha tempo sequer de me encarar no espelho, pois o trabalho que uma casa exige é extremamente exaustivo e não sobrava tempo para mim. Sabia que não era certo eu me esquecer de mim e até mesmo da minha identidade, no entanto as tarefas domésticas me obrigaram a fazer isso naquele momento.

Acho que toda mulher que teve filhos sabe o que é isso, né? Um conjunto de tarefas invisível e invencível. Viver exclusivamente para as crianças, os seres que você mais ama no mundo, mas que sugam toda a sua energia e disposição. Na verdade, eu criava expectativas quanto a ser elogiada e reconhecida, mas meu parceiro só conseguia enxergar os defeitos.

Sabe quando o relacionamento mais machuca do que te faz feliz?

Depois de algumas idas e vindas tentando salvar nossa relação, nossas diferenças ficaram cada vez mais evidentes, e as discussões se tornaram constantes. Sem aguentar mais humilhações, anunciei a separação.

Assim como uma gota d'água num copo que transborda faz o maior estrago, resumidamente, foi desse jeito que coloquei um ponto-final em nossa relação. Traída pela vida, traída pelas expectativas, traída pelo sentimento, traída pelo amor, traída por mim mesma, que acreditei um dia que príncipes existiam, traída por ser tão cega e perceber que príncipes de contos de fadas não existem na vida real. Depois disso, apesar de presente como pai das meninas, ele não era mais meu marido tão sonhado. De um dia para outro, desencantei de tal forma que ficou insustentável levar adiante.

Acho que nós mulheres damos muitas chances, desculpamos, acreditamos e investimos no amor, mas, quando o ponto final chega, nada pode reverter.

Eu, que tinha sonhado tanto com um relacionamento como o da professora Cristinne, que tinha um marido que a enchia de carinhos, com mil palavras de amor ditas publicamente, alimentara a ilusão de que tudo seria perfeito. Ao mesmo tempo, percebia que tinha nascido para ser mãe e nesse papel encontrei mais forças e alegrias do que em qualquer outro que conhecera até então. Na verdade, eu me escondi atrás do papel de mãe inteiramente porque descobri que os opostos poderiam até se atrair, porém, na realidade, não funcionava.

Ao fazer essa retrospectiva, constato que passei anos tentando me enquadrar num padrão que não era o meu, para agradar primeiro outras pessoas. Nossas diferenças nos afastaram no casamento. Ambos criamos expectativas erradas. Eu, por ter nutrido a expectativa de que ele fosse um príncipe, e ele por ter esperado que eu fosse diferente do que fui.

Quando acreditei que os opostos simplesmente se atraem, me mutilei internamente. Pensava nas filhas, no casamento e nos outros. Em todos, menos em mim.

Muitas mulheres fazem isso quando estão numa relação. Com medo de que a relação chegue ao fim ou de que elas fiquem sozinhas, malfaladas ou abandonadas, acabam se submetendo a relacionamentos vazios, que não as nutrem emocionalmente, que não as fazem felizes e que não condizem com aquilo que esperam. Mas continuam investindo na união por acreditar que tudo será diferente no dia seguinte, mesmo sabendo que nada vai mudar. Persistem porque são dependentes financeira e emocionalmente daquela pessoa. Essas mulheres se anulam da existência real da vida e se submetem àquela relação fria. Esquecem que são únicas e importantes para Deus.

Às vezes somos tachadas e rotuladas pelos parceiros. Conheço muitas mulheres que foram vítimas de relações abusivas e traições descaradas sem sequer perceberem que estavam vivendo um padrão totalmente destrutivo.

Tem mulheres que se casam acreditando que os príncipes as salvarão. Que o homem será para elas um farol que as guiará pela vida inteira. Mas com o tempo percebem que acontece justamente o contrário. Elas acabam sendo a boia salva-vidas dos parceiros e ficam com pena de deixar o relacionamento porque entram num círculo vicioso, num ciclo de autodestruição. Muitas vezes por comodidade, outras por serem financeiramente dependentes daquela relação.

A verdade é que ficamos caladas durante muito tempo, sem reagir, nos anulando, achando que aquele padrão de comportamento vai mudar um dia. Primeiro, porque na maioria das vezes eles nos pedem desculpas e dizem que a situação não vai se repetir. Até tentamos recuperar o que se perdeu, por amor ou pelo relacionamento que não queremos que chegue ao fim. Mas eu te digo: ninguém muda ninguém. Isso é fato! Principalmente se a outra pessoa não quer mudar.

A pior solidão que existe é a solidão a dois. Aquela solidão que você sente quando tem um companheiro, mas não é valorizada por ele, e por isso sempre se sente sozinha. A solidão que não sabemos se terá fim até o momento em que abrimos os olhos e vemos que somos importantes e merecemos ser felizes.

Só que vou te dizer uma coisa: ninguém nasceu para sofrer ou chorar o tempo todo. Ninguém nasceu para ser submissa, para se anular em uma relação tóxica, para ser menosprezada e perder toda a energia num relacionamento. Ninguém nasceu para ser traída e continuar desculpando o companheiro cada vez que ele te traz flores. Para ser dependente de alguém, muito menos. Somos capazes! Acredite!

Hoje muitas mulheres me perguntam como sair de relacionamentos que parecem prisões, com valores incompatíveis, quando há crianças pequenas envolvidas.

No fundo, todas temos o poder, a força necessária para recomeçar. E delegamos esse poder ao outro, achando que um príncipe é quem vai nos salvar, acreditando que ficaremos sozinhas para sempre.

Espero que, na sua vida, você não se contente com pouco. Porque merecemos ser amadas e compreendidas de verdade, com todos os méritos. Merecemos ser valorizadas. Não merecemos migalhas de ninguém. O mínimo que merecemos é sermos correspondidas à altura, sermos cortejadas, e que existam uma reciprocidade e um desejo de se doar para que a relação seja interdependente. Ambos precisam colaborar para o crescimento um do outro.

Se o seu parceiro não reconhece o seu valor, não quer que você brilhe, acenda o alerta amarelo e não deixe a sua luz apagar por causa de ninguém. E aí vai um aviso: a decisão, depois de tomada, precisa ser irreversível. Não tem coisa pior que ir e voltar.

A vida depois da separação pode parecer bem difícil, mas quando alguém tolhe a sua liberdade, ou te desrespeita e menospreza, é hora de reagir. Pare de agredir a si mesma. Essa é a primeira providência para entender que a única pessoa que pode salvar a sua vida é você. Não procrastine sua felicidade por nada e por ninguém.

EXERCÍCIO PARA FORTALECER A ALMA

Pense com sinceridade no tipo de relacionamento que quer. Escreva em detalhes. Se estiver solteira, imagine que é melhor ficar sozinha do que se envolver com qualquer um só para ter companhia. Pense que, para estar ao seu lado, o homem precisa te merecer.

Se estiver acompanhada, observe se na relação existe reciprocidade e tenha uma conversa franca consigo mesma sobre o que tem impedido essa relação de ser saudável.

Não vale a pena estar casada só para fazer de conta que é feliz ou por medo de ficar sozinha. Seja a protagonista da sua vida, em quaisquer condições, e não aceite abusos. Nem por um minuto sequer.

Relembre cinco momentos difíceis que aconteceram em sua vida e depois escreva como passou por cada um deles.

_____
_____
_____
_____
_____
_____
_____
_____
_____
_____
_____
_____

Se ainda não se recuperou, tente formular uma resposta sobre o que gostaria de ter feito naquelas ocasiões. Por exemplo, se o seu parceiro te abandonou e você ainda sofre com isso, de que maneira gostaria de superar essa situação?

_____
_____
_____
_____
_____
_____
_____
_____
_____
_____
_____
_____

Tenho uma amiga que foi deixada pelo marido. Na época, eles tinham dois filhos pequenos e ela ficou mal, amargurada e triste. Não conseguia de forma alguma enxergar um amanhã.

Foi quando ela decidiu que encontraria uma pessoa e pararia de relembrar os momentos com o ex, sobretudo de alimentar a raiva que tinha dele.

Então, começou a conspirar com o Universo e a jogar aquela intenção de maneira bem real. Ela entrava no carro todos os dias, fechava os vidros e gritava como se estivesse contando uma novidade a alguém.

"Ah, conheci um novo amor. Ele é maravilhoso e me trouxe flores hoje."

Ela dizia que ele era atencioso, romântico, e descrevia as qualidades que desejava encontrar naquela pessoa.

Em pouco tempo uma amiga apresentou alguém para ela, e era exatamente como ela queria.

Os dois já estão juntos há seis meses, e ela está completamente apaixonada e feliz.

O que eu quero dizer com isso? Que nós temos o poder de criar a realidade que queremos a todo instante, mas ficamos apegados demais ao sofrimento em vez de imaginar aquilo que queremos de fato.

Minha proposta aqui é que você veja o que está realmente acontecendo e entenda que é a única responsável por sair dessa situação.

Não adianta se lamentar ou reclamar o tempo todo. Ficar lembrando o que não deu certo. A gente se engana e depois colhe as frustrações porque alimentou esperança quando não deveria. Somos nós que criamos expectativas irreais ou esperamos que os outros sejam como nós.

Grite para o universo a mudança que você quer para a sua vida. Além de verbalizar, vale também fazer o seu caderninho de sonhos com tudo aquilo que deseja.

4º ATO: NENHUM SOFRIMENTO DURA PARA SEMPRE

"Pare de se machucar. Você tem muito valor."

Era com essa frase, dita para o espelho todas as manhãs, que eu começava meus dias.

Já tinha ouvido de tudo nessa época. Pessoas que queriam me puxar o tapete e fazer minha autoestima despencar, principalmente quando percebiam que minhas aulas especiais começavam a se tornar um sucesso de audiência.

Tanto no jogo de vôlei como na vida, eu tive adversários. E foram eles que me fizeram superar tudo, pois eu sabia que, às vezes, lutar com mais força e confiança era necessário. E era assim que eu buscava minhas armas e formas de combate no dia a dia.

Esses mesmos adversários que tentavam jogar areia no meu caminho me davam força para continuar. Chega a ser engraçado, mas sabemos que é fato! Você já deve ter ouvido a frase "prego que se destaca é martelado", e era assim que eu me sentia conforme começava a crescer no que quer que fosse.

Era como se uma força contrária surgisse para tentar me impedir de ir adiante. Só que, com o tempo, passei a entender os desafios e a gostar deles. Já sabia que a vida era uma batalha e que se eu aceitasse as provocações que encontrasse pelo caminho, iria me sentir sempre diminuída.

Na vida profissional, eu sabia que minha hora ia chegar e não tinha pressa. Hoje vejo que a paciência e a fé foram minhas maiores aliadas, porque enquanto todo mundo quer tudo para amanhã, eu queria algo consistente mesmo que fosse para o ano seguinte. Queria ser referência no mundo fitness e ser o primeiro exemplo disso, ter a minha marca no ramo da ginástica e da saúde associada à autoestima da mulher. Isso por saber que ali estava toda a minha verdade. Queria acima de tudo ser inspiração para todas as mulheres, porque ser o melhor exemplo no que acreditamos é a maior demonstração de força e confiança que podemos ter. Mas eu sabia também que isso levaria tempo, pois o que é duradouro precisa ser construído tijolo a tijolo.

A palavra "calma" estava, nessa época, estampada na minha testa. Desde então não acreditava que as transformações aconteciam do dia para a noite. Sabia que era tudo a longo prazo.

Assim é na vida. Transformações não acontecem em 21 dias.

Voltando ao tempo em que eu vivia um dia de cada vez, era dia após dia que eu caminhava e aprendia a lidar com as frustrações e os nãos que recebia. O segredo era ter metas mais distantes. Por mais que muitas vezes eu sentisse uma raiva profunda de não estar conseguindo aquilo que queria, eu olhava para o momento, respirava e identificava o motivo real da minha raiva.

Eu já estava firme nas aulas da academia, e depois de um longo período de coração fechado, sem dar espaço para que ninguém pudesse se aproximar, conheci outro rapaz que parecia ser legal. Não queria mais príncipes; agora apenas buscava alguém honesto, trabalhador e com princípios parecidos com os meus. Não criar expectativas e nada de achar que os opostos se atraem. No entanto, quando menos esperava, lá estava eu novamente criando minhas expectativas românticas de ter encontrado outro amor da minha vida. Ele era gentil, carinhoso, romântico, cavalheiro e forte.

Sem nem ao menos buscar, um novo amor estava acontecendo e havia muita paixão envolvida. Ele tinha muitos gostos parecidos e então, por que não viver esse novo amor?

Eu não esperava por um novo casamento, mas ao mesmo tempo não poderia ser diferente, pois estávamos apaixonados. Logo veio a notícia: com um ano e meio de namoro, outro presente de Deus. O meu filho Lucca estava a caminho. Depois de duas meninas, foi com imensa alegria que recebemos a notícia de que teríamos um menino. Decidimos nos casar e viver aquele novo momento de nossa vida, de muita paixão e entrega. Buscamos o amor novamente.

Eu nunca desisti de amar.

Sabia que seria difícil, mas, por tudo que eu acreditava, imaginava que um filho seria mais uma benção na minha vida. E eu não me enganei em relação a isso.

Percebi desde o dia em que ele chegou o quanto ele acrescentou nos meus dias. Mesmo sem ter sido planejado para aquele momento, veio como um divisor de águas, e eu já sabia o que ele significaria na minha vida, para sempre.

Durante toda a gestação vivi uma alegria muito grande, uma sensação diferente, como se aquele menino tivesse sido um enviado de Deus para me dar uma direção na vida.

Minhas filhas iam ganhar um irmão. Era um recomeço. Atravessei momentos delicados e difíceis, porque não foi fácil administrar as minhas duas meninas do primeiro casamento e agora um bebê de um novo relacionamento. Eram filhos de dois pais diferentes. Ora um intervia, defendendo seus direitos, ora outro intervia, defendendo seus direitos também. Então, eu ficava entre as discussões como um saco de pancadas, de um lado e de outro, sempre tentando amenizar ao máximo as situações para que as crianças não percebessem nada e assim não sofressem as consequências daqueles encontros entre o ex e o atual que, muitas vezes, foram constrangedores. Por diversas vezes, o assunto e o motivo das brigas eram ciúmes das crianças.

Aquela situação minava as minhas forças e energias, e eu precisava, definitivamente, de um pouco de paz e harmonia para viver tranquila e criar meus filhos e ainda continuar na minha jornada de trabalho que estava apenas começando. Foi então que, depois de um episódio muito desgastante de discussões e brigas injustas entre os dois "pais" dos meus filhos, decidi, com dor no coração, encerrar aquele relacionamento que, de certa forma, ia bem.

Terminamos o casamento amigavelmente e conscientes de que daquela forma não poderíamos chegar a lugar algum. E antes que as crianças sofressem as consequências, tomamos essa decisão.

Segui sozinha com meus três filhos, recomeçando tudo como se tivesse concluído mais um episódio e o amanhã fosse uma página em branco. Mais do que nunca, estava decidida a assumir nossa vida e prosseguir de um jeito diferente. Pretendia, a partir daquele momento, ressignificar a minha vida e me reinventar de forma muito forte. Eu tinha, com urgência, que: ser independente na parte financeira; fortalecer meu emocional; me encontrar espiritualmente e não depender mais de ninguém.

Eu já tinha maturidade e força o bastante, pois havia passado por inúmeros desafios e sabia que, no jogo da vida, nem sempre a gente ganha. Existiriam momentos de perdas, os quais seriam parte da vida.

Muitas vezes sofremos em excesso por não perceber esses altos e baixos e por desejar que a vida seja um roteiro linear e constantemente feliz. Eu ia lidando com quedas e imprevistos, e ao mesmo tempo que aquilo me derrubava, me fortalecia, porque eu aprendia onde encontrar forças mais uma vez.

Todos os dias, o que me trazia esperança no futuro eram as crianças. Pelos meus filhos eu lutava e tentava realizar tudo aquilo que me dispunha a fazer. Eu queria que eles tivessem orgulho de mim e que um dia eu pudesse realmente contar a nossa história.

Embora muitas vezes a minha situação chegasse ao limiar da humilhação, eu sabia que precisava acreditar, que o esforço dia após dia ia fazer as coisas mudarem.

Meu coração dizia que tudo ia ficar bem, e eu tentava me apoiar nisso. Sempre confiei em um dia seguinte melhor. Vivia cada dia de verdade. Eu tinha o principal dentro de mim: esperança e muito amor para oferecer aos meus filhos amados. Agia e fazia do pouco que ganhava muito para nós quatro.

Eles estudavam juntos no mesmo colégio. Eu honrava cada centavo que ganhava. Comecei a ganhar um pouco melhor, e uma parte eu sempre guardava. Nunca fui de gastar com supérfluos e sempre soube administrar bem tudo que ganhava. Via a importância disso para conseguir prover tudo de que as crianças precisavam.

Os olhos de uma criança dizem tanto que, quando nos vemos espelhadas neles, sentimos a responsabilidade daquilo que vamos dizer. Ali, diante daquele olhar puro e doce, um olhar de criança que tem o coração e a alma livres de raiva, mágoas, tristezas, um coração que teima em ter esperança, apesar de tudo que possa ter lhe acontecido.

Tudo conspirava a meu favor. Trabalhando em duas academias, consegui mais um emprego em uma escola, como professora de balé para crianças. Eu me dividia entre os horários das aulas, com idas e vindas ao centro da cidade, levando um aparelho de som pesado em um ônibus cheio e depois tomando o metrô para chegar até o colégio onde ensinava balé. Como sempre fui muito prevenida, guardei dinheiro e consegui comprar de um conhecido zelador vizinho, dividindo em dez parcelas, um Corcel II 1985.

Nosso Corcel branco, carinhosamente apelidado pelas crianças de Baleia Branca, era motivo de muita felicidade. Com ele íamos a todos os lugares, mas, por ser bem velho, fazia vários barulhos e precisava de todos os macetes imagináveis para conseguirmos abrir o porta-malas. Era nele que eu enfiava as crianças e ia, pra cima e pra baixo, inventar aventuras para entretê-las nos fins de semana. Tudo era tão escasso que até mesmo ficarmos sem gasolina no meio do Minhocão, um viaduto no centro de São Paulo, era motivo de brincadeira para que eles não sofressem as consequências dos perrengues. Fora as baratas que apareciam vez ou outra por ali e provocavam uma gritaria entre gargalhadas.

Era naqueles momentos, debaixo de sol e chuva, quando via minhas filhas brincando, felizes, sorrindo, sem saber os bastidores da vida que levávamos, que eu prometia a mim mesma que um dia aquela escassez ia acabar. Era naqueles momentos que eu encontrava em mim a força que me fazia seguir adiante apesar de tudo que dava errado, apesar de todos os sonhos que demoravam a se concretizar.

No fundo, eu parecia um pouco com minhas filhas. Eu ainda era aquela menina sonhadora que acreditava que tudo ia dar certo.

Acreditava que, com as pedras e os tijolos encontrados no caminho, eu construiria meu castelo. Aquela luta que eu travava dentro de mim era entre a mulher crescida que tinha de encarar a realidade nua e crua e a menina que conservava a pureza e sonhava com uma vida melhor. Eu não podia desistir de sonhar que um dia ia conquistar tudo que desejava. Fui desacreditada muitas vezes por pessoas que diziam que eu era linda e deveria conquistar um homem rico que me sustentasse. Outras, que eu nunca teria sucesso na minha área de trabalho porque a concorrência entre os homens era forte. Outras diziam ainda que eu nunca teria mais do que já tinha, que eu nunca seria reconhecida como profissional em um mundo tão machista, que nunca encontraria espaço em um mercado de trabalho masculino. Também havia quem dissesse que eu era muito sonhadora, aquela que sempre acreditava na história da Cinderela.

Era uma luta interna que não cessava. E o combustível e a energia quem me dava eram eles. Eram os meus filhos que me abasteciam de força. Por eles eu escrevia folhas e folhas de desejos e sonhos que sempre acreditei que ia realizar. Todas as noites escrevia um sonho novo e lia em voz alta junto com minhas orações. Quando ia me deitar era o momento em que sentia Deus acalmando meu coração.

Certo dia, depois de estacionar nosso Corcel velho na frente da escola particular onde meus filhos tinham parte de uma bolsa de estudos, paramos ao lado da mãe de uma amiguinha das meninas que tinha uma Mercedes linda e bem novinha. Embora elas ainda não conseguissem discernir a diferença entre os veículos, minha filha achava aquele carro brilhante, mas logo depois emendava, talvez para que eu não ficasse triste, "mas o da mamãe também é bonito". E quando ela dizia isso eu pensava na carcaça daquele Corcel caindo aos pedaços, cheio de ferrugem e barulhento, e nas baratas que nos faziam companhia de vez em quando porque devia haver buracos por baixo do carro.

Mas aquela era a vida que tínhamos e eu me mantinha calma e paciente, pois sabia que teríamos um amanhã melhor. Isso já estava escrito nos meus cadernos.

E naquele dia, depois que a criança saiu do carro, a motorista apertou um botão qualquer e o porta-malas se abriu, como se fosse um carro que vinha direto do futuro.

As meninas olharam para aquela cena, admiradas, e veio a pergunta:

– Mãe, compra um carro que abre o porta-malas assim? É tão legal!

Foi quando eu me abaixei para ficar na mesma altura dela. Era assim que meu coração reconhecia aquela criança que existia em mim. A criança sonhadora, a criança que não desistia diante do primeiro desafio. Não ia arregar, não ia pensar que era o fim, quando era só o começo.

– Filha... – respondi, encontrando força onde eu ainda sabia que existia. – Um dia a gente vai ter um carro que abre o porta-malas assim, igual ou mais bonito que esse. Eu prometo.

Até hoje meus filhos e eu lembramos daquele episódio nitidamente. Porque naquela calçada, onde eu respondia àquela pergunta na frente de uma escola que não podia pagar e dependia da ajuda dos ex, ao lado do único carro que tinha condições de ter naquele momento, entendi que, não importava o que acontecesse, eu precisava resgatar a minha força interior. Eu sabia que tinha aquela força. Só precisava exercitar o músculo da coragem, da resiliência, para conseguir paz de espírito e energia para seguir em frente. Eu precisava de uma boa dose de esperança e fé para voltar a pensar como uma criança, para voltar a acreditar na vida e nunca me deixar abater pelos problemas que surgiriam pelo caminho.

Ao longo da vida, enfrentei toda sorte de desafios. Em relacionamentos que não deram certo, na maternidade, na carreira, nas finanças, na saúde. Se hoje estou aqui, decidida a compartilhar esta história com você, é porque entendi de qual força necessitamos para viver.

Eu sei que aí do outro lado existem vários tipos de pessoas. Umas cansadas, com medo, passando por alguma situação que não sabem se vão conseguir suportar. E eu quero vibrar ao seu lado, olhar nos seus olhos, como fiz com os meus filhos. Vamos nos dar as mãos e eu vou te dizer:

— Você vai conseguir. Faça a sua parte, confie em Deus e suba as escadas da vida sem olhar para trás. Nunca fique chorando pelo caminho, sem esperança. Busque seus sonhos. Não se canse de ir atrás deles.

Porque nós somos pessoas de Deus Pai todo-poderoso. E essa força interna, que nos faz chegar aonde queremos, quando acreditamos que podemos, ninguém tira da gente.

Você vai conseguir.

Assim como eu consegui.

Durante um bom tempo moramos de aluguel em uma casa bem pequena, tínhamos um tapete na sala de casa e um sofá velhinho, e era ali que brincávamos de piquenique e de cabana feita de lençol todos os dias. Nem mesa tinha ainda. Do pouco que eu conseguia, fazia aquilo grande. Mas não me contentava com aquele pouco e ia em busca de mais. Fazia as crianças perceberem que a felicidade não está nas coisas, e sim nos momentos que vivíamos juntos, mas queria proporcionar mais aos meus filhos. Éramos felizes porque nosso amor era o amor maior do mundo. Éramos unidos na força do amor de mãe e filhos. Nada foi mais importante que o nosso amor. Nada era mais significativo do que ler historinhas para meus filhos todas as noites antes do descanso.

De fato, nossos filhos merecem o mundo. Mas será que sempre conseguimos suprir tudo aquilo que eles merecem? Tantas vezes fiz esse questionamento. Não sabia se precisava colocar mais energia e força para chegar aonde queria, ou me acostumar, agradecer pelo que tínhamos e viver o passo a passo dos dias.

Na dúvida, eu entendia aquilo que o esporte tinha me ensinado: precisava me esforçar, treinar sempre para terminar o dia de cabeça erguida, sabendo que aquele era o meu melhor e que aquela era a minha melhor versão. Se perdesse, saberia que tinha feito o meu máximo, e isso não seria motivo de frustração.

Respeitando meus limites e minhas forças, continuei trabalhando, alimentando o sonho de que iria transformar em algo novo aquela minha habilidade de dar aulas especiais.

De noite, quando estávamos os quatro em casa, eu prometia aos meus filhos que teríamos uma casa linda, com mesa e cadeiras, sofá, televisão e um carro novo branco e brilhante. E fazia dos momentos difíceis algo doce e cheio de amor.

Digo isso por saber que, diante de qualquer sofrimento, é só o amor que nos faz transcender qualquer coisa. Meu amor era sempre maior. Era sempre dobrado.

E de que forma eu extravasava aquela dor, que chegava a ser física, de tensão, para que nada faltasse? Na corrida. No exercício. Literalmente, eu transpirava e deixava que o suor lavasse a minha alma.

Quando estava preparando o jantar, dava um sorriso, inventava uma história de faz de conta e transformava aquele instante em algo repleto de significado. A superação mais difícil para todos os pais e mães é querer dar o melhor para os filhos e não poder. Só que muita gente, em vez de mostrar sua força, reclama e amaldiçoa a vida que tem para os filhos, e o exemplo que as crianças recebem é o de que a vida é realmente difícil, dura, severa.

Eu sabia, sim, que existiam momentos de luta, mas também sabia que tinha colocado aquelas crianças no mundo e deveria protegê-las e amá-las mais que tudo. E fazer o que estivesse ao meu alcance para suprir todas as suas necessidades. Além disso, queria ensinar, pelo meu exemplo, que quando a vida te dá um limão, a gente faz uma limonada. Ficar chorando e lamentando o que não deu certo ou não foi como esperamos não leva a lugar algum. Tampouco ficar falando mal das pessoas que possam ter nos prejudicado com seus comportamentos e atitudes.

Se eu precisava trabalhar internamente as dores, fazia isso sem expor as cicatrizes para as crianças, que não tinham maturidade emocional para lidar com demandas de adultos.

Muita gente acha que as crianças devem aprender as dificuldades da vida desde cedo. Eu discordo. Criança precisa ter bons exemplos, momentos com significado, conforto físico, segurança emocional. Elas precisam se sentir amadas, protegidas e cuidadas. E não precisam dar conta do que não faz parte do repertório delas. Criança não precisa saber da vida financeira dos pais. É bom que sejam crianças e que ajam como tal, porque fazê-las amadurecer muito cedo tolhe a época mais bonita de suas vidas. Sempre usei formas lúdicas para fazê-las entender que não podiam ganhar presentes caríssimos de Natal nem ter os videogames do momento. Mas eu sempre soube substituir aquilo por algo muito mais encantador. Em vez de ter uma televisão moderna, eu lia contos e histórias de livros que deixavam uma mensagem linda e grandiosa na cabecinha deles. Quando pude comprar uma TV e um aparelho de vídeo, colocava histórias com mensagens lindas como *O Rei Leão*.

Tem gente que me pergunta como eu fazia quando tinha vontade de chorar, já que ficava com eles sozinha o tempo todo. A verdade é que eu tinha meus momentos com Deus nas madrugadas. E às vezes, quando a dor física não passava, quando o medo insistia em perturbar minha mente, eu esmurrava a porta do banheiro, ligava o chuveiro e deixava as lágrimas caírem até não poder mais. Ou então calçava um tênis e saía correndo rua afora. Depois de 40 minutos de corrida, meu coração estava leve como uma pluma.

Mesmo com os desafios, eu tinha muito prazer em ser mãe. Eu tinha prazer em ser a pessoa que era, em saber que um dia iria virar aquele jogo e tudo se iluminaria. Só precisava de um pouco mais de paciência e fé.

Eu só queria ser reconhecida para poder mostrar o que tinha de maravilhoso. Só queria fazer bem meu trabalho e ter destaque na minha área. Esse era meu pedido, 24 horas por dia: saber que nenhum sofrimento dura para sempre.

EXERCÍCIO PARA FORTALECER A ALMA

Faça uma pausa, respire fundo e liste todos os seus sonhos.

_____
_____
_____
_____
_____
_____
_____
_____
_____

Por mais que possam parecer distantes, essa lista vai te trazer a força necessária para não desistir. Para acordar todo dia e ter um motivo para seguir adiante.

Desenhe se for preciso, mas fortaleça sua fé todos os dias lembrando desses sonhos e respeitando o tempo das coisas.

Pode ser que eles não aconteçam exatamente do jeito que você deseja; mesmo assim não deixe nada para depois, pois pode perder as melhores experiências e os melhores sentimentos.

As pessoas perdem muito tempo se lamentando e pensando em como vão conquistar seus sonhos.

Agora, quero que você escreva como vai se comprometer nos próximos dias, meses e anos para alcançar seus objetivos.

Escreva cada passo que pode dar, hoje, com o que tem.

Por exemplo: eu não tinha onde me segurar, nem um emprego, mas fui atrás, busquei oportunidades, mesmo sem a segurança de que me pagariam.

Eu acreditava que precisaria começar de alguma maneira.

Observe o que pode fazer com o que tem, com as habilidades que enumerou lá no primeiro ato, e parta para a ação. O sonho morre se não houver ação.

Se você não agir, mesmo que dê um pequeno passo a cada dia, em vez de se aproximar do sonho, ele ficará cada vez mais distante.

Perguntas para deixar coladas na geladeira ou no espelho do banheiro:
1. Que ações posso realizar hoje para me aproximar do meu sonho?
___
___
___
___
___
___
___

2. O que fiz ontem que me afastou ou me aproximou da minha meta?
___
___
___
___
___
___
___

Por exemplo: você quer determinado resultado no seu corpo e, em vez de ir à academia, foi à pizzaria e exagerou. Ou seja: você está mais longe do seu objetivo.

Isso vale para tudo.

As pessoas dizem que você tem sorte, mas elas não têm ideia do quanto você trabalhou pelo que tem. Não é sorte, e sim coragem e os olhos de Deus.

5º ATO: O CALCANHAR DE AQUILES

Costumo dizer que a vida é cheia de reviravoltas, e antes que você entenda como conquistei a plenitude no nível pessoal e profissional, físico e emocional, psíquico, mental e social, quero relatar aqui em detalhes todos os desafios pelos quais passei.

É fácil hoje ser enganado com as fotos e as frases de redes sociais. Nelas, vemos indivíduos que parecem estar em seu ápice profissional e pessoal e nem imaginamos os bastidores, ou o que os fez chegar aonde estão. E talvez eu só tenha chegado aonde estou porque "comi muita grama" – como diziam os mais velhos –, ou até "o pão que o diabo amassou".

As coisas que mais nos marcam na vida não são as perdas profissionais nem os términos de relacionamentos ou os perrengues financeiros. O que mais nos marca são os acidentes ou fatalidades que acontecem com as pessoas que mais amamos. E é disso que vou falar agora.

Quando o Lucca tinha pouco mais de um aninho de vida, eu estava na cozinha preparando o almoço das meninas antes de elas irem para a escola. Ele tinha acabado de começar a andar.

Eu tinha uma vida muito simples e morava em um sobrado com dois quartos, um banheiro, e ainda estava mobiliando os ambientes. O meu quintal era pequeno e havia um corredor lateral. Nesse corredor eu mantinha uma bicicleta ergométrica velha que havia ganhado e que era minha companheira de todas as manhãs ou noites enquanto meus filhos dormiam. Era ali que eu pedalava para ganhar tempo, fôlego e disposição para o dia seguinte.

A questão é que as crianças são bem curiosas, e um menininho que começa a andar é movido a curiosidade e desafios. Foi nesse dia que o Luquinha foi para o quintal, enquanto eu estava preparando o almoço. E foi nesse dia e nesse momento que conheci um dos lados do sentimento de "mãe" que jamais achei que existisse.

Até hoje a cena passa na minha cabeça em frames, muito difícil de ser esquecida. Escutei um grito de dor muito forte do Lucca, vindo lá de fora. Esses poucos segundos pareceram uma eternidade até que eu chegasse aonde o Lucca estava. Imediatamente senti diminuírem as forças das minhas pernas e escurecer a visão. Eu intuitivamente corri para o quintal. Não sabia o que tinha acontecido, mas o vi ali, vermelho e quase sem ar, com os dedos presos na catraca da bicicleta. Senti uma dor imensa no peito antes mesmo de me deparar com aquela cena, que se passava na minha frente como um filme ou algo em que demorei a acreditar.

Só consigo lembrar do desespero da cena. Quatro dedinhos tão pequenininhos estavam presos naquela corrente pesada. No desespero e na dor, puxei a corrente com toda a força e percebi que um pedaço do dedinho tinha sido arrancado e caído no chão. Se hoje me perguntarem como peguei o dedinho, coloquei em um copo, embrulhei a mãozinha dele em um guardanapo de cozinha e saí correndo para o meio da rua, não vou conseguir lembrar. Um espaço em branco na mente me fez esquecer desse primeiro momento. Abri os portões de ferro ainda descalça, com ele no colo, e pedi que as meninas ficassem ali, trancadas. Fui correndo para o meio da rua pedir socorro, gritando desesperadamente por ajuda.

Por Deus minha vizinha saiu na janela. Ela veio correndo com a chave do carro e me levou para o hospital imediatamente. Só que a sorte não foi tão boa conosco por lá. Os enfermeiros de plantão, que eram totalmente mal instruídos e despreparados, costuraram o dedinho do bebê de qualquer jeito, como se estivessem costurando a barra de uma calça, e me mandaram procurar um especialista. Naquela mesma tarde busquei o especialista e logo lhe disse que teríamos que fazer uma cirurgia, pois tudo tinha sido feito de forma errada.

Depois disso, o Lucca passou por três cirurgias e foi extremamente bem atendido por Deus e pelo médico que cuidou dele por um ano inteiro entre idas e vindas a seu consultório. Graças a Deus tudo passou, mas o Lucca não recuperou a pontinha do dedo indicador.

A verdade é que nada em nossa vida pode ser evitado como imaginamos que deveria. Nem mesmo com todas as prevenções de uma mãe. Tudo acontece em milésimos de segundos, e apesar de ter sido uma fatalidade, tive sempre grande dificuldade para vencer a dor desse episódio. De certa forma me culpei por ter uma bicicleta tão velha e sem protetor lateral em casa. Como ser forte quando seu filhinho tão pequeno e puro precisou passar por tudo aquilo? Como superar a dor de conviver com a culpa? Como impedir que nossos filhos sofram? Como impedir que algumas atitudes ou gestos sejam irreversíveis? Como resolver problemas que fogem do seu controle? Foi muito difícil, e precisei ser uma leoa para conseguir viver tudo aquilo e perceber que lá na frente eu iria entender aquele episódio que Deus permitiu que eu passasse. Lembro que senti todas as minhas energias diminuírem nos meses seguintes.

Quando tudo começou a se acalmar, apenas três meses depois, minhas filhas sofreram um acidente de carro quando estavam passando o fim de semana com o pai no Guarujá. O carro de uma amiga do meu ex-marido em que estavam as meninas capotou. Poderia ter sido pior, pois havia três crianças no veículo, mas a que sofreu mais foi a Bruninha, que teve uma fratura exposta no braço direito e precisou de cirurgia e muitos cuidados por um ano inteiro.

Nessa época, por causa de tudo isso, perdi totalmente a energia e percebi uma coisa: eu não era infalível, não poderia protegê-los o tempo todo, e eles passariam por experiências ruins, mesmo que eu não quisesse. Era uma resposta de Deus para mim e um enorme aprendizado.

Acho que para toda mãe, o calcanhar de aquiles é o filho. Provavelmente você, como eu, se acha forte o bastante para enfrentar qualquer coisa: e é quando chega a bomba de verdade, que te pega na sua maior fragilidade, que você vê que toda aquela força é sugada pelo ralo. É como se seus adversários te atacassem no único ponto em que você não sabe se defender.

Quando qualquer questão mexia com meus filhos, eu tinha mais dificuldade de ser forte como a Mulher-Maravilha. E isso aconteceu durante toda a minha vida. Mesmo depois que o sucesso profissional finalmente veio, como resultado do esforço de anos – como vou contar nos próximos capítulos –, eu perdia a minha energia quando as crianças, não importa a idade que tivessem, não estavam bem por qualquer motivo que fosse.

Na época dos acidentes, eu me lembro que sentia como se o chão tivesse sumido, e não havia onde me segurar. Era um buraco imenso do qual eu tentava desviar sem saber como. Buscava ler livros e entreter meus filhos para que ficassem fortes, mas aquele momento era um divisor de águas, principalmente porque eu sabia que nada seria como antes. Eu jamais teria a paz plena com que tanto sonha uma mãe. Mesmo porque os filhos crescem e voam seus próprios voos.

Talvez a maior dificuldade para nós, mães, seja justamente conviver com essa insegurança e incapacidade constante.

Um filho nunca mais está seguro quando sai de dentro do nosso ventre. Ele está no mundo e nele todos os perigos podem rondá-los. Desde vírus e bactérias, que são pequenos e imperceptíveis, até bicicletas encalhadas no quintal.

A verdade é que passei a usar o exercício cada vez mais como forma de superar aqueles traumas. Apesar de saber que não existe superação para isso, eu sempre recorria a estratégias que me faziam acalmar as preocupações com técnicas que vinham do próprio organismo e jorravam na minha mente uma substância que acalmava meu coração. Vinha do exercício físico e do que ele me proporcionava.

A endorfina e a serotonina são substâncias produzidas principalmente quando fazemos exercícios. Elas liberam ação analgésica, estimulam a sensação de bem-estar, conforto, alegria e bom humor, e me traziam de volta para a tranquilidade e a força.

Ainda lembro da pequena Solange de 7 anos, traumatizada pela experiência no hospital e que, quando tinha crises, puxava a mãe para a rua, como se precisasse respirar.

Eu precisava respirar. Com urgência. Mais do que tudo. Assim como uma mãe precisa respirar.

Depois que os meus filhos estavam grandes e o Lucca já tinha completado 16 anos, percebi que a vida toda seria uma eterna batalha pelo bem-estar das minhas crianças, que para mim nunca cresceriam.

Lucca não era mais uma criança. Tinha quase um metro e noventa de altura e havia passado o fim de semana com o pai em um sítio. Longe de mim. Eu sempre dava liberdade para que fossem e voltassem, mas a preocupação era uma constante. Tinha aprendido a confiar – em Deus, neles e na vida –, mas não tinha aprendido que o controle da vida não estava, definitivamente, nas minhas mãos.

Pois bem: naquela tarde ele retornou do passeio com dores de cabeça e eu pedi que se deitasse. Mas pedi que se deitasse na minha cama, como sempre fiz quando estavam doentes. Queria vigiar de perto. Se surgisse alguma febre, eu poderia monitorar, como era de costume quando qualquer um estava doente. Achei que tinha tomado muito sol.

Quando deu meia-noite, não foram as 12 badaladas que me despertaram, e sim o movimento de repetição dos braços dele batendo na cama. Quando acendi as luzes, ele estava em choque, revirando os olhos, o corpo esticado e soltando muita saliva pela boca.

Acho que nem nos seus piores pesadelos a mãe espera que um dia seu filho tenha uma convulsão. Podemos prevenir tudo, mas não podemos prever nada nem impedir que as coisas aconteçam.

Fiquei completamente paralisada. Sem saber como agir ou o que fazer. Em pânico, dei um grito e minhas filhas entraram no quarto. Viram a cena e tentaram me acalmar.

A Bruna chegou a me sacudir para a vida, enquanto a Thabata cuidava do irmão mais novo. Foram minutos que duraram uma eternidade.

Enquanto uma segurava o Lucca e o colocava de lado, a outra ligava para o SAMU. Até chegarem, fiquei fora de órbita. Era desesperador.

Quando a ambulância chegou, precisei retomar a consciência. A convulsão tinha durado cerca de 5 minutos, que pareceram 5 horas. Ele despertou, foi colocado numa cadeira de rodas e o paramédico perguntou:

— Qual é o seu nome?

Ele respondeu, tranquilo:

— Lucca.

— Quantos anos você tem, Lucca?

Ele disse que tinha 16.

Aquilo me trouxe uma paz e uma tranquilidade indescritíveis.

Fomos para o hospital público mais próximo, para onde o pré-atendimento de emergência do SAMU nos encaminhou. Entramos direto na emergência. Ele foi previamente atendido; logo depois voltamos para casa e no dia seguinte buscamos um especialista.

Sem conseguir discernir nada daquilo, eu ficava em estado de pânico e absolutamente sem energia. Lembro de passar o dia inteiro com as mãos tremendo, em estado de alerta. Se uma porta batia, eu corria para ver, desesperada.

Ele tomou medicação para epilepsia e foi recomendado que passasse com um neurologista. Era uma catástrofe que me desestabilizava totalmente. Se eu achava que já tinha passado por tudo com aquelas crianças, não imaginava que passaria por mais aquilo e que o medo tomaria conta de mim. Mas eu precisava ser forte e buscar o tratamento certo para meu filho. Na época, eu não tinha convênio médico, mas pude contar com muitos amigos. Fomos direto para o consultório de um amigo neurologista. Ele pediu uma série de exames que para mim eram muito invasivos e traumáticos, e segui como acompanhante, morrendo um pouco por dentro a cada um deles. Parecia que eu ia morrer quando me colocava no lugar dele.

Ele fez uma tomografia monitorada durante toda a noite. O nome do exame era "tomografia assistida". A ressonância também durou uma eternidade. Ele fez duas vezes e não podia se mexer. Eu não precisava nem podia ficar ali, mas fiquei o tempo todo como qualquer mãe ficaria. O Lucca permaneceu 40 minutos dentro da máquina em cada tomografia, e eu tinha medo. Mas sentia a presença de Deus conosco em todos os momentos, o que no fundo me confortava.

Quando veio o resultado, fiquei mais confiante e seguimos em frente com o tratamento.

Os estudos indicavam que alguns adolescentes tinham aquele quadro quando o crescimento dava picos de hormônios. Eu entendi: você cresce no sono REM, e quando você entra nesse estado e cresce mais do que o seu corpo e cérebro estão habituados, seu corpo entra em choque. Eu me senti aliviada com as explicações, mas o médico disse que isso não queria dizer que ele não passaria a vida tendo convulsões.

– Se você quer preservar a adolescência dele e não traumatizá-lo, tem que transparecer segurança, fechar a porta do quarto dele e demonstrar dormir em paz. Você precisa passar segurança para ele, demonstrar estar confiante de que ele não vai ter mais crises.

Ouvi aquilo e fui para casa. Ele ficou bem, mas decaí totalmente. Como eu sabia que o meu filho só poderia ter convulsão dormindo, a noite chegava e eu começava a ter palpitações. Fechava a porta do quarto dele, dava boa-noite, mas me sentava no corredor e começava a chorar e orar a Deus o tempo todo. Dormia ali, com o ouvido colado na porta dele, vigiando o seu sono a cada segundo. Na maioria das vezes não pregava o olho.

Mas o sono é uma das coisas mais importantes para o nosso organismo. Sabemos que ele é reparador e necessário para que no dia seguinte estejamos fortes. Sem dormir, a saúde vai embora. Meu sistema nervoso estava em estado de alerta constante, eu tinha medo todas as noites. Apesar de confiar muito em Deus, meu coração de mãe batia com desespero.

Até que, depois de tanto esperar, após três meses, meu pior medo se fez real mais uma vez.

Ele teve uma nova convulsão à noite e outra em seguida pela manhã.

Não sei se você já passou por isso, mas ver aquilo que você mais teme acontecer é como assistir a um filme de terror cujo enredo você conhece.

Nesse período, o médico proibiu o Lucca de fazer esportes, pois não sabia se ele poderia ter uma crise na quadra. A convulsão provoca uma quebra de consciência, e ele ficou com medo do que poderia acontecer. Como o Lucca era um esportista, jogava tênis, basquete e futebol, não foi muito fácil lhe dar a notícia de que deveria fazer uma pausa por um tempo.

Eu me vi revivendo a minha adolescência, quando deixei as quadras para assumir a responsabilidade dentro de casa. Vi meu filho perder o que mais amava, e aquilo doía duplamente em mim. Era um golpe do destino. Uma dura maneira de me fazer entender que, por mais que quisesse estar no controle de tudo, eu não poderia controlar nada.

Tivemos que dar trileptal para o Lucca, um remédio forte para epilepsia que equilibrava as descargas elétricas que o corpo sofria.

Foi assim que ele ficou, durante três longos anos. Para uma mãe, foram 300 mil anos que não acabavam mais. Meu filho sempre fez exames preventivos durante esse período e graças a Deus não teve mais nada.

Tudo passou, tudo passa.

Durante essa fase redobrei minha atenção a ele, nunca mais dormi em paz, e ao mesmo tempo tinha que seguir com a vida. Eu trabalhava, cuidava da casa, das meninas, e lembro que me anulei completamente. Minhas energias não eram mais para mim e sim 100% para eles.

Mais tarde, comecei a sentir meu corpo cobrando a conta de todo aquele estresse dos três anos seguidos. Porque o corpo fala, a mente manda e a gente nem percebe que aquele excesso de preocupação que tem um dia emite um boleto que será cobrado mais cedo ou mais tarde. Percebi que não adianta cuidar de um lado e descuidar do outro. O nosso corpo é superinteligente e sábio. Ele está atento a todos os comandos.

É como um cartão de crédito: um dia a fatura chega. E, quando chegou, foi um novo capítulo da minha vida do qual eu não poderia escapar ilesa.

EXERCÍCIO PARA FORTALECER A ALMA

Imagino que estou deixando este livro para meus filhos. Preparei cada ato com carinho e atenção para você entender como superei cada desafio e forneço munição e ferramentas para que supere os seus próprios.

Neste capítulo, que trata do nosso calcanhar de aquiles — no meu caso, são meus filhos —, faço uma retrospectiva. Eu sei que o sofrimento só foi extenuante e minou minhas energias e saúde porque eu achava que podia estar no controle de tudo, inclusive do que acontecia com eles.

Muitas vezes eu cuidava da minha saúde em excesso para que nada acontecesse comigo e para que eu estivesse forte o bastante para cuidar deles, mas não contava que muitas coisas sairiam do meu alcance. E isso definitivamente me desestabilizou por completo e me enfraqueceu.

O exercício que proponho a seguir é de desapego. Soltar as amarras da vida e confiar sempre que o melhor acontecerá, independentemente de, naquele momento, aquela cena parecer a pior de todas e nada do que você fizer vai mudar o resultado das coisas.

Existe algo na sua vida que você tenta controlar hoje?
_____
_____
_____
_____
_____
_____
_____
_____

Como você se sente quando as coisas saem do seu controle?

Identifique as áreas da sua vida que você precisa deixar fluir e se preocupar menos, porque o resultado não depende do que fizer ou deixar de fazer.

Como essas áreas estão caminhando?

Quais seus maiores medos em relação àquilo que quer controlar?

Meu maior medo era ver o Lucca tendo outra convulsão. Ele realmente teve e eu não pude fazer nada. Ou seja: por maior que fosse o medo, nada do que eu fizesse ou deixasse de fazer evitaria o episódio. Se eu relaxasse mais, talvez tivesse vivido aquele período com menos sofrimento e mais aceitação. Como você vive os seus momentos hoje? Com sofrimento ou aceitação?

Uma ação para você memorizar a partir de agora:

Deixar ir como as borboletas, a favor do vento.

Temos que nos deixar mais leves.

Se você ficar remoendo algo, esse sentimento te fere ainda mais e te deixa mais nervosa por dentro.

A culpa é o sentimento mais destrutivo que experimentamos. Ficar se culpando o tempo todo por uma atitude involuntária, em qualquer situação, não vai ajudar em nada.

Tudo no passado já passou. Concentre-se no que vai fazer a partir de agora.

O "e se" não existe.

Um capítulo ruim não define a sua história.

6º ATO: SÍNDROME DO PÂNICO, UMA IMPOSTORA REAL

Desde o dia que aprendi a dirigir, pegando o carro do meu pai emprestado sem que ele soubesse, eu sentia que estar no controle, pilotando, era o meu lugar. Amava de paixão!

E essa certeza se confirmava quando saí dos dois casamentos. Não tinha nascido para estar no banco do passageiro, e sim para levar as coisas para onde eu considerava certo.

No entanto, essa mania de pilotar a vida e não deixar que nada saísse do meu controle custou caro. O primeiro sinal de que eu tinha passado dos limites veio ali mesmo, dentro do carro, com as mãos no volante.

Antes de colocar o pé no acelerador, meu coração batia disparado forte, como se eu tivesse acabado de correr uma maratona. De fato, tinha. Estava correndo mais do que de costume enquanto governava minha vida. Mas, fisicamente, aquele sinal me deixou paralisada.

Respirei fundo e me veio um alerta: "Devo estar com um problema no coração". Era como se eu tivesse corrido mil quilômetros. A boca ficou seca e senti uma pressão no peito. Era angústia e desespero.

Não consegui sequer ligar o carro. Tomei uma água e, antes de me dar conta, comecei a chorar.

Não era justo que, depois de tanta luta, fosse morrer. Não era justo que, depois de tantas vitórias, a vida fosse acabar daquele jeito. Era um medo de que o corpo não estivesse funcionando bem. Era um medo que desencadeava ainda mais medo. Essa sensação durou uns 40 minutos e eu entrei em desespero total por não saber o que estava acontecendo comigo.

Depois desse episódio, essa sensação ruim continuou me assombrando. Ao menos uma vez por dia, onde quer que eu estivesse, o coração acelerado e um desespero sem fim tomavam conta de toda situação. Conforme os episódios ficaram recorrentes, comecei a buscar informações, e foi então que um atleta, meu grande amigo daquela época, ao ver meu desespero, me alertou:

— Solange, isso não é físico. Você está com síndrome do pânico.

"Justo eu, que sempre cuidei da minha SAÚDE e que sempre tive o controle de tudo", pensei comigo mesma. Não acreditava que isso pudesse acontecer comigo.

Conversei seriamente com meus filhos e pedi ajuda deles para tomar uma decisão. Foi então que, depois de várias crises em que me senti vulnerável demais, procurei um especialista.

Após uma longa conversa com o médico, que confirmou o diagnóstico da síndrome da ansiedade e do pânico, eu me desesperei ainda mais. Não aceitava que aquilo fosse mais forte que eu e que aquela sensação pudesse me vencer. Ainda por cima, o médico queria me receitar um calmante ou ansiolítico. Eu, que nunca tomava medicação alguma, relutei.

— É o seguinte. Você secou suas fontes de endorfina, serotonina e tranquilidade. Você usou tudo que tinha por anos em momentos de crise que duraram minutos. Não tem mais como seu corpo produzir sozinho. Você precisa mudar sua vida e tomar remédio.

Levantei o rosto. Era como se ele despertasse a força da leoa novamente dentro de mim.

— Como não tem? Claro que tem. Eu vou produzir fisiologicamente. Vou redobrar meus exercícios, fabricar mais endorfina e vou sair dessa. É com exercício que vou me curar.

Ele parecia ter paciência comigo, e continuou:

— Quando isso transborda, numa crise, você libera muita adrenalina. Você dispara um ciclo de medo, e teu corpo faz tudo para te defender. Suas crises estão constantes. Você precisa quebrar esse ciclo.

Saí dali contrariada, com a receita na mão, e decidida a não comprar o medicamento. Chorei por várias horas e tomei uma decisão.

Foi então que o verdadeiro desafio começou. Desta vez era meu corpo contra minha mente. Mas eu aprendi que os desafios são fascinantes. Eles nos provocam a achar que somos incompetentes. Ser desafiado é vencer o que parece impossível. E uma coisa só se torna impossível se você não tenta. Tudo é possível quando tentamos.

Aprendi com o esporte, lá atrás, o verdadeiro sentido de um desafio. Uma provocação, um duelo, uma competição em que você se envolve e onde coloca todas as suas armas e forças para lutar.

No esporte, aprendi que vencer um desafio é a melhor sensação da vida. Você cria asas, forças, autoestima, se enche de orgulho próprio, se encanta consigo mesma, perde o medo e se torna mais capaz.

Comecei a estudar muito e a ler sobre a síndrome do pânico. Um medo incontrolável e uma reação de defesa da mente e do corpo, igualmente incontrolável.

Quando eu estava sozinha no carro, começava a chorar sem parar. Muitas vezes liguei para minha filha ir ao meu encontro. Entrar em lugares cheios de gente também era um gatilho que desencadeava uma crise desesperadora. E eu chorava no meio do restaurante porque não conseguia me mexer nem reagir. Era uma sensação inexplicável. As crises começavam sempre com taquicardia, suor, frio, calor, medo, angústia, tudo incontrolável.

Eu não queria tomar o remédio por nada deste mundo, sabia que ele me faria bem, mas tinha medo de ficar aérea e perder as emoções. Logo eu, que era movida a emoção.

No entanto, eu precisava produzir aquilo que estava em deficiência no meu corpo. Se era para fabricar endorfina, que eu sabia o quanto era boa, eu ia redobrar minha atenção para isso.

Sabe como me curei? Sabe como venci esse desafio? Foi me desafiando! Me colocando à prova. Me provocando.

Comecei a treinar mais e a relaxar mais a mente. Como?

Sempre que tinha crise, mesmo com o coração disparado, saía para correr. Às vezes era durante o dia, mas outras eram no meio da madrugada. De pijama mesmo, eu calçava o tênis e descia as escadas do meu prédio no maior desespero. Corria pelo condomínio, muitas vezes saía para a rua e corria quarteirões sem parar, até voltar para casa com o corpo e a mente leves como se tivesse tomado um calmante, mas um calmante natural. A sensação de bem-estar e de missão cumprida começou a tomar conta de mim. Também passei a relaxar mais a mente, substituindo pensamentos ruins por pensamentos bons. Comecei a ler romances e a me distrair com tudo que mais gostava de fazer: lazer, esportes, filhos, família, trabalho e muita oração a Deus.

Além de me preparar fisicamente para as crises, comecei a perceber que, espiritualmente, faltava algo mais. E quem me fez perceber isso foi um pastor que disse o seguinte:

— Você ainda está com pânico de que possam aparecer outras adversidades que saiam do seu controle, então o que você precisa é deixar tudo definitivamente no controle de Deus. Deixa Deus ser Deus. Converse mais com Ele que o milagre está por vir.

Eu então me apeguei a algo que estava enfraquecido havia muito tempo na minha vida: a minha fé.

Justo eu, que era a Poliana, a menina do jogo do contente, a menina positiva que acreditava em tudo, a sonhadora que dizia para o pai que ia conseguir pagar as contas de casa. Justo eu estava tendo uma crise de fé em mim mesma. Uma crise de fé em Deus.

Então, resolvi apostar naquilo. Apostar em ajoelhar, em pedir, em entregar. E esta última palavra tinha muito a ver com a fé que eu teria que exercitar. A fé na vida.

Era um exercício de fé muito grande, e aquele exercício diário era forte. Porque, quando ajoelhava e me conectava com Ele, eu também sentia que soltava um pouco aquela corda da minha mão. Soltava um pouco as rédeas da minha vida e dava para Deus cuidar, deixando-o no comando de suas decisões. Sem ter tanto medo de que tudo saísse do meu absoluto controle.

O pânico tem a ver com isto: você quer ter o controle da vida, apesar de não ter qualquer controle sobre ela. Você quer ficar alerta o tempo todo, cuidar de tudo e todos para que nada saia das suas mãos. Mas você precisa entregar a Deus e confiar plenamente nele. O exercício foi bom porque aprendi a entregar. Entregar nas mãos de Deus e acreditar que Ele estava fazendo algo por mim, e esse foi um grande divisor de águas na minha vida, quando fortaleci o meu espírito.

Enquanto fortalecia o corpo com as corridas e com exercícios na academia, eu fortalecia o espírito com as orações, que me faziam apostar mais na fé. Ter menos medo e confiar no fluxo de que tudo ia acabar bem e que eu não podia controlar a vida ao meu redor.

Hoje, quando estou diante de alguém sofrendo de síndrome do pânico, percebo que as crises vinham quando eu mais queria que tudo fosse do jeito que eu achava que era o melhor.

O autocuidado também foi uma grande solução. Eu repetia o que queria mentalizar e, dessa forma, ia me acalmando sozinha, sem esperar que alguém de fora segurasse minhas mãos e me dissesse que tudo ia ficar bem.

Ao mesmo tempo, eu era uma pessoa que nunca tinha pedido ajuda para ninguém, que sempre lidava com tudo sozinha. De repente, estava diante de mim uma condição que me fazia entender que eu não era nada sozinha e precisava começar a pedir ajuda.

Trata-se de um aprendizado para as mulheres fortes. Mulheres que sempre levam tudo nas costas e de repente se veem impossibilitadas de seguir em frente.

Muitas mulheres escondem, não querem assumir a síndrome do pânico, e vejo que isso é muito pior.

Na época, eu não sabia que meditar também seria vital. E respirar. A respiração traz nosso ritmo natural de volta, e inspirar e expirar é uma forma de se conscientizar das coisas.

Também percebi que eu não era doente. Eu *estava* doente. Era um período em que eu precisava reaprender a viver. Sem tanto peso, sem o medo, com fé e confiança em tudo, mesmo quando nada dava certo ou do jeito que eu achava que era certo.

O ano em que enfrentei a síndrome do pânico me fez mal, pois parecia que não ia ter fim. Mas me fez perceber que crescemos dia após dia. Podemos nos recuperar dia após dia. E esse é o presente da vida. Dia após dia se recuperar de algo que te fez ficar triste.

Eu não parava de agradecer a Deus por isso. E não tem um dia em que eu não agradeça por todas essas coisas, pois, de todas as superações, a superação contra você mesma é a mais difícil. Porque nós sabemos quais são nossas maiores fragilidades. E atacar fica muito mais fácil.

EXERCÍCIO PARA FORTALECER A ALMA

Este exercício é específico para quem sofre de síndrome do pânico. Se você nunca teve um episódio, pule para o capítulo seguinte.

- Faça atividade física todos os dias, para produzir endorfina.
- Apegue-se à sua fé, seja qual for a sua religião. Peça com fé por momentos de paz e, principalmente, entregue seu sofrimento todo, seus medos. Solte a corda. Não está no seu controle. Nada.
- Peça ajuda. Você provavelmente está sobrecarregada. Peça ajuda de amigos, de primos, de tios, de quem você puder. Eu pedi todos os tipos de ajuda, mesmo. Justo eu, que não estava acostumada a pedir ajuda a ninguém. Peça.
- Veja que o resultado virá dia após dia. Não se concentre nos sintomas, e sim na sua melhora. Tente estar perto de pessoas que entendam as suas crises quando elas ocorrerem e que não as julguem.
- Chore. Sem medo, sem culpa. Coloque suas dores e angústias para fora. Isso vai te aliviar.
- Escreva o que sente, seus maiores medos. Entenda que o medo que vem com o pânico é um sinal de ansiedade. O pânico geralmente vem depois de períodos de ansiedade prolongados. Gerencie a sua ansiedade por meio dos exercícios.
- Respire. Inspire profundamente e expire com força. Faça isso durante os episódios de crise.

- Adote na sua vida o hábito de meditar. A meditação acalma a mente.
- Alimente-se com o que possa te nutrir fisicamente. Açúcar, chocolate, café e estimulantes do sistema nervoso podem agravar o quadro. Use toda a sua munição para ficar bem.
- Procure pessoas que também tiveram episódios e compartilhe experiências entre si. Elas não vão te achar ridícula quando você contar tudo o que a sua mente criou, e você vai se sentir melhor com essa troca.
- Entenda que, por pior que possa parecer, a síndrome do pânico também traz um aprendizado. E vai passar. Você precisa aprender a não se preocupar tanto e a soltar o controle de tudo. Relaxe.

Reflexão:
Você precisa perguntar a si mesma o que está fazendo para não passar mais por isso.

Você está se destruindo, dia após dia.

Eu passava as noites em claro velando o sono do meu filho, e isso me prejudicou. Eu não dormia mais, e, sem produzir melatonina, tinha ainda mais ansiedade e produzia mais cortisol.

Se você está apegada a uma situação que sabe que está te fazendo mal, responda com coragem e sinceridade, porque ninguém além de você vai ler.

É importante ser sincera consigo mesma, como se estivesse diante de um espelho ou com um diário.

O que você pode fazer para aliviar a sua ansiedade em relação às situações que vive hoje? Escreva nas linhas a seguir.

_____
_____
_____
_____
_____

*Sonhos eu tenho quando durmo.
Quando acordo, eu tenho metas.*

7º ATO: A COLHEITA

— Você vai no programa da Hebe Camargo, Solange.

Eu me lembro que, quando ouvi essas palavras, meu coração quase saiu pela boca. Pense em algo que você nunca imaginou, mas sonhou um dia que pudesse acontecer.

Na época, a Hebe tinha seu sofá, que era o sucesso das noites de segunda. E eu era uma professora de ginástica que começava a chamar a atenção dentro e fora das academias por trazer uma novidade.

Como eu era constantemente convidada para as inaugurações das academias e imediatamente contratada por elas, minha vida profissional estava decolando e eu já dava aulas em todos os períodos: manhã, tarde e noite.

Já tinha conseguido contratar alguém para me ajudar com as crianças, que ainda eram pequenas. Eu morava sozinha com meus três filhos e fazia uma verdadeira ginástica para conseguir levá-los e buscá-los na escola, estar presente nos momentos principais e, ainda assim, dar todas as aulas nos horários mais disputados.

Tudo aquilo que eu tinha aprendido e inventado colocava em prática nas aulas. E elas ficavam cada vez mais cheias.

O reconhecimento dos alunos e dos donos de academia, que faziam o impossível para me segurar ali, me dava boas noites de sono. E aquela frase "você vai ser uma professorinha de ginástica?", que eu nunca tinha digerido, começava a mostrar a sua força.

Eu era "A" professora de ginástica. E pretendia ser a maior, reconhecida pelo Brasil, inspirando mulheres a resgatar a autoestima em todas as idades. Com três filhos, solteira, cuidando deles e me virando nos trinta, eu me sentia um sucesso antes mesmo de viver o maior sucesso, que estava por vir.

Foi dando aula para alguém que trabalhava no escritório de um empresário que assessorava artistas que eu conheci uma pessoa que iria influenciar a minha vida a partir de então. Ainda lembro da frase dela:

— Você precisa ir para a televisão com as suas aulas especiais. As mulheres vão enlouquecer. Precisa dar suas aulas na TV, como a Jane Fonda. Você tem carisma, tem luz, é simpática e linda. Conduz superbem o que mais sabe fazer, é solta e extrovertida. Você nasceu para a televisão e para brilhar.

Eu achava aquilo um sonho. Contei sobre as fitas da Jane Fonda e de como ela me inspirava, e então essa pessoa decidiu me apresentar para alguém que ela dizia ser "um visionário".

Foi assim que fui parar no escritório do dr. Sérgio D'Antino, um dos maiores advogados de artistas do Brasil. E foi diante dele que ouvi a frase "você vai na Hebe".

Na época não existia internet e tudo era feito na base do boca a boca. Alguém que conversava com outro alguém e de repente decidia que essa pessoa ia fazer alguma coisa. Era assim que as coisas funcionavam. E esse empresário, depois de saber do sucesso das minhas aulas, tinha ficado curioso para me conhecer. Daí, nós agendamos uma conversa frente a frente.

Conforme eu falava das minhas ideias, ele achava que eu tinha muitos conteúdos que iam muito além da beleza e que podiam me fazer brilhar na televisão. Como ele agenciava a Hebe, logo deu um telefonema e disse aquelas palavras que ficaram ecoando na minha mente "você vai na Hebe".

Só que a Hebe era a Rainha do Brasil. Ela era a mulher mais conhecida, mais famosa, mais amada da televisão brasileira. O simples fato de pensar em estar lá me fez explodir de felicidade e enxergar algo grandioso para mim. Era uma sensação melhor do que ganhar em dia de jogo importante e decisivo.

— Mãe, você precisa fazer uma roupa para mim — falei, antes mesmo de termos a confirmação do dia em que eu iria no programa.

Procuramos referências nas melhores revistas de moda, e ela, que era uma exímia costureira, comprou o tecido, tirou minhas medidas e começou a fazer um vestido enquanto o empresário fazia seu trabalho paralelamente. Até que um dia ele confirmou a entrevista, que seria ao vivo na segunda-feira da semana seguinte.

Eu, que estava habituada a dar aulas, pensei: "Vou dar o meu melhor. Tratar as pessoas como se estivesse falando com quem está em uma aula. Vou fazer as pessoas se apaixonarem por mim". Também não podia esquecer do meu sorriso nem de mostrar que poderia transformar o humor de alguém com meu carisma.

Quando conversamos, ele me instruiu: "A única coisa que você precisa dizer é que tem o sonho de trabalhar na televisão. De apresentar um programa. Se ela pedir o telefone de contato, pode passar o do escritório. Só isso. E responda tudo que ela perguntar".

Naquela noite, antes de entrar no palco, ouvi a apresentadora falar com todo o entusiasmo que lhe era peculiar. A Hebe era assistida por pessoas de todo o Brasil, que literalmente paravam no sofá nas noites de segunda-feira para ver entrevistas, se divertir e curtir as gargalhadas daquela mulher estonteante.

"Ela foi Miss São Paulo, vice Miss Brasil e é personal trainer." Nervosa, ouvi meu nome: "Entra aqui, Solange Frazão, vem mostrar sua beleza para o Brasil". E, depois de dizer essas palavras, ainda soltou um animado "Que gracinha!".

Lembrei dos tempos de desfile e abri um grande sorriso. Entrei olhando nos olhos dela, e estava tão emocionada que quase chorei de felicidade. Era mais que uma grande alegria estar ali. Os aplausos, as rosas vermelhas, a Hebe cheirosa e linda de viver. Minha grande consagração. Eu me sentia como se estivesse num sonho.

Meu pai, na primeira fila, com meus três filhos, me davam forças e eu ia respondendo tudo que ela perguntava, contando como tinha elaborado minhas aulas de ginástica, como entendia que poderíamos fazer uma revolução nas academias e começar um movimento fitness para incentivar a saúde e gerar mais energia, principalmente para as mulheres com filhos para cuidar e preocupadas com o excesso de peso.

No fim da entrevista, uma surpresa. Além de dizer o que ele tinha me instruído, sobre meu sonho de apresentar um programa de TV, falei o número de telefone que estava escrito na palma da minha mão. Eu tinha feito uma cola para não errar no momento mais importante.

"Eu tenho um grande sonho: apresentar um programa de TV e ensinar à mulher como ela pode se cuidar, mesmo sem ir à academia."

Pronto, era como se tudo estivesse escrito nas estrelas. Deus estava ali, e os anjos aplaudiram junto com aquela plateia maravilhosa.

No dia seguinte, a minha vida mudou completamente. Eu diria até que comecei uma vida nova depois de me sentar ao lado daquela estrela. Foi como se ela tivesse me dado permissão para brilhar de verdade.

O telefone que eu tinha passado era do escritório do D'Antino e não parou de tocar nem por um minuto. As empresas procuravam aquela moça que queria fazer uma revolução nas academias de ginástica e apresentar um programa de TV. Fui contratada para presenças VIP, para capas de revista, chamada para inúmeras entrevistas, recebi convites para licenciar produtos e o tão sonhado convite da televisão veio de uma emissora pequena, a Rede Mulher.

Era tudo muito novo para mim, que me sentia uma artista de cinema. Por alguns instantes, me vi como Jane Fonda, diante de flashes, fotos, gravações. Me sentia dentro daquele sonho que eu tinha sonhado. Cada vez que Sérgio me ligava, era uma novidade. Abri uma conta corrente empresarial, e a partir daquele dia me tornei uma pessoa jurídica.

Fui para a emissora que queria me contratar e eles me deram total liberdade na criação do meu programa. Eu queria que fosse exatamente como o da Jane Fonda: "Eles fazem exercícios em casa com você". Montamos uma aula para a televisão. Eu tinha 30 minutos e dava 25 minutos de exercícios. Era um sonho.

Eu tirava de letra, e os trabalhos, como propagandas de TV, começaram a se multiplicar. Fui sondada durante um mês em que o telefone tocou diariamente para convites de todos os tipos, e comecei a ganhar um dinheiro que eu nunca imaginei.

Era o final dos anos 1990 quando precisei abandonar as aulas da academia, pois não conseguia mais dar aulas particulares como personal trainer. A demanda era muito grande na área artística e minha vida decolava. Eu era um novo nome associado à saúde.

Com três filhos a tiracolo, veio a grande notícia: eu ia comprar meu primeiro apartamento.

Nessa época, a fé das crianças, que tinham vivido comigo momentos de muita escassez, era o que mais me comovia. Meus filhos sabiam como tínhamos sofrido, mesmo com o meu sorriso no rosto. Estiveram ao meu lado o tempo todo e sentiam-se realizados ao verem meu sucesso.

Hoje, quando converso sobre isso, eles não admitem, mas sabiam que, quando eu me trancava no quarto, em épocas de geladeira quase vazia, chorava desesperada sem saber quando ia conseguir prover tudo que precisavam.

As minhas fãs número 1 foram as minhas filhas. Elas sempre torceram por mim e, conforme comecei a me destacar na TV, eram elas que vibravam pelas minhas conquistas. Faziam minha maquiagem, me arrumavam. Escolhiam os looks para as gravações. Elas eram minhas amigas, incentivo e inspiração para que eu fizesse tudo aquilo que estava fazendo. Meu filho, mesmo pequeno, também me elogiava muito. Ele dizia: "mamis, você tá linda, hein!".

A compra do meu primeiro apartamento – mesmo sendo um apartamento pequeno – foi uma grande vitória. Era meu e tinha tudo que eu desejava. Eu queria morar em um condomínio onde meus filhos pudessem usar a piscina, onde fizessem esporte. E tínhamos isso à nossa disposição.

Meu sonho era oferecer um clube dentro de casa, e como tinha uma pessoa que me ajudava com as crianças, podia ficar tranquila quando saía para trabalhar.

Ainda lembro do dia em que compramos uma televisão grande para a sala. Era ano de Copa, e aquela também foi uma grande conquista. Para eles, que dividiram o quarto e o banheiro por anos, e que durante um bom tempo só tiveram o tapete da sala sem móveis, em uma casa onde era comum ver baratas e até ratos, por ser muito antiga, além de próxima de uma rua sem um mínimo de segurança, tudo era mais que um paraíso. O que eu queria estava se realizando.

Eu continuava sendo uma professorinha de ginástica. Mas era reconhecida como a musa fitness do Brasil.

De lá para cá, veio a consagração profissional, sempre visando trazer as pessoas para a saúde de forma consciente. Hoje, mãe de três filhos, avó de três netos, me orgulho de ser vista como sinônimo de saúde, beleza e longevidade. E todo o meu empenho é mostrar que podemos manter a boa forma durante toda a vida.

Com o passar dos anos, o nome Solange Frazão se tornou uma marca e passou a chancelar os mais diversos produtos de saúde, beleza e bem-estar. Também assinei com marcas ligadas à alimentação saudável, cosméticos, e comandei por estados de todo o país a minha "aula show", além de ministrar palestras sobre estilo de vida.

Estive no comando de programas de televisão, rádio, internet, e participei inclusive de um quadro fixo no programa da Xuxa.

Minha vida deslanchou. Minha estrela brilhou e finalmente pude respirar tranquila, sem medo de ser feliz.

EXERCÍCIO PARA FORTALECER A ALMA

A colheita sempre vem. Mais cedo ou mais tarde, se você sonhou com os dois pés no chão e trabalhou direitinho, ela virá.

Muitos de nós temos sonhos, mas não saímos do lugar para realizá-los. Vamos descuidando deles e deixando de alimentá-los. E só vai acontecer aquilo que sonha se você agir em sua direção. Não precisa saber como vai realizá-lo, apenas dê o primeiro passo.

Quando eu estava diante das fitas de vídeo da Jane Fonda, jamais imaginaria que um dia gravaria vídeos como os dela, que ganharia muito dinheiro com isso e, principalmente, que sustentaria meus filhos com aquilo que gostava de fazer.

Comandar programas de televisão para a grande audiência só foi possível porque eu sonhava, mas com os dois pés no chão, sabendo que, se não me movimentasse para conquistar aquilo que queria, jamais chegaria aonde cheguei.

Por isso proponho que, a partir de hoje, você reserve 20 minutos do seu dia para se dedicar ao seu projeto pessoal. Quero que se empenhe em fazer o que mais gosta, mesmo que seja durante 20 minutos por dia. E estabeleça um prazo para sair do lugar.

Os sonhos são resultados de sementes que plantamos. A colheita vem, mas só quando regamos a sementinha diariamente.

Regue a sua sementinha. Não adianta só plantar e esperar. Regue dia após dia.

A pior coisa que pode acontecer é alguém realizar o seu sonho na sua frente e você perceber que não se entregou a ele. É como estarmos apaixonadas, com medo de nos entregarmos ao amor, e de repente terminamos a relação e vemos outra pessoa vivendo com o nosso ex da maneira que não tivemos coragem de viver.

Viva intensamente a vida que sonhou para si.

Uma mulher forte é aquela que constrói sua montanha com as pedras que jogaram nas suas costas.

8º ATO:
PELO BURACO
DA FECHADURA

"Não importa o que dizem sobre você. O que importa é o que você é." Esse é o meu principal mantra e nasceu no episódio que vou relatar a você a seguir. Um mantra que me ensinou que as pessoas fazem a interpretação que querem sobre seu comportamento e que me fez aceitar e perceber que cada um vê a vida de acordo com seus filtros e julgamentos.

E isso pode ser bom ou ruim. Depende da maneira como você encara.

Você deve se lembrar que contei que desde pequena fui uma criança muito pura e otimista, que via sempre o lado bom das coisas e das pessoas. Essa característica me acompanhou ao longo de toda a minha vida e carrego-a comigo até hoje. Eu gostava de dar o meu melhor sempre, independentemente do que fosse receber em troca. Sempre adorei poder ajudar, colaborar, participar e de alguma forma contribuir. Nunca pensei nos benefícios que ia receber em troca. Era preocupada em efetivamente dar o meu melhor em todas as circunstâncias, mesmo sem saber o resultado daquilo.

A questão é que muitos não estão habituados à doação genuína de carinho, energia e amor. E quando estão diante de quem se entrega de verdade nas relações, ou na dedicação às coisas, podem se equivocar, achando que aquele comportamento é para que se tenha algo em troca.

Mas a maior verdade de todas, e eu diria que é uma verdade absoluta, é a seguinte: não importa o que dizem sobre você. Importa quem você verdadeiramente é e pronto.

Mas por que estou dizendo isso? Porque participei de um reality show. E, por mais que não tenha me arrependido, essa participação, a meu ver, teve um ônus e um bônus.

Tudo começou com uma expectativa.

Aliás, na minha vida, tudo começa sempre com uma grande expectativa. Posso dizer que sou a rainha das expectativas, e isso tem seu lado bom e seu lado ruim.

As expectativas frustradas muitas vezes me ensinaram bastante sobre a vida. Sempre fui boa com todos, mas, se sou assim, se fiz tudo para todo mundo, por que ainda era surpreendida por tantas reviravoltas que me tiravam o chão? O que eu ainda tinha que aprender?

Eu percebia sempre que algumas coisas jamais iam mudar na minha vida: uma delas era que, embora o mundo pudesse desabar sobre a minha cabeça, eu sempre ia oferecer o meu melhor. Tinha convicção de que esse era o meu jeito de viver e de que as decepções não podiam me derrubar. Em hipótese alguma.

Acho que o ser humano tem sentimentos antagônicos o tempo todo, e minhas emoções falam, de tão fortes e vivas. E foi ainda sem aprender a gerenciar expectativas que eu, muitos anos antes, criei a maior delas: o Silvio Santos tinha acabado de criar um reality show de celebridades no SBT. Era um formato que dava visibilidade aos artistas, que tinham que conviver durante meses dentro de uma casa. Ali surgiam amizades, romances e muitos conflitos.

Todo mundo queria estar lá. Era um sucesso sem precedentes.

Na terceira edição, o Silvio decidiu que colocaria celebridades e fãs. E eu, por algum motivo, achei que seria chamada.

As famosas ligações do Rancoleta do SBT eram esperadas. Antes mesmo de me inscrever, perguntei para os meus filhos o que eles achavam de ficar sem mim durante três meses para que eu pudesse participar de um grande trabalho e depois dar um up em nossas vidas. A resposta de apoio e amor foi imediata: "Por nós pode ir aonde quiser, se você ficar feliz".

Estavam felizes por mim, além de curiosos, e, mesmo sem saber do que se tratava, apostavam todas as fichas na minha vitória.

Todos os dias eu vivia na expectativa de que receberia a tal ligação do Rancoleta. E essa expectativa era tão grande que, no dia em que tocou o telefone (que quase nunca tocava), desconfiei o que podia ser, porque estava com um pressentimento. Mais uma vez, minha intuição me dava pistas. Saí correndo da cozinha para atender, pois já imaginava quem estava do outro lado da linha.

— Oi, aqui é o Rancoleta. Solange, você está na Casa dos Artistas! Topa?

Eu soltei um grito de alegria, de realização, de expectativa concretizada. Aquele ia ser um programa épico e, de quebra, umas férias maravilhosas. Desde que as crianças tinham nascido eu não tirava férias. Estava sempre, 24 horas por dia, atenta aos cuidados com meus filhos, a casa e o trabalho. Como eram mais crescidos e torciam por mim, vieram correndo me dar um monte de beijos.

Eu me organizei para que minha mãe ficasse na minha casa com a pessoa que me ajudava em tudo, e então pude me imaginar longe pelo tempo necessário. Algo me dizia que eu poderia ganhar, pois sabia que o público iria perceber minha bondade e verdade.

A saudade começou a bater antes mesmo de sair de casa. Meu coração, mesmo feliz pela conquista, estava triste porque não sabia como seria ficar longe deles.

Arrumei as malas e, três dias depois, um carro do SBT veio me buscar. Pedi para meus filhos e família que não me acompanhassem até o carro, porque talvez eu não suportasse a dor da despedida. Foi bem difícil soltar das mãozinhas deles e descer o elevador, principalmente ao ver que ficaria tanto tempo sem aqueles olhares puros que me alimentavam. Naquele dia, quase perdi as forças e desisti. Por um instante, pensei em voltar e jogar tudo pelos ares. Mas eu sabia que aquela oportunidade poderia ser a única, e eu poderia me tornar ainda mais conhecida pelo trabalho que estava desenvolvendo.

Queria mostrar para o Brasil a importância de praticar exercícios. Acima de tudo, queria mostrar minha verdade num programa onde a exposição poderia falar um pouco mais sobre mim. Às vezes na vida temos que priorizar certas escolhas, e naquele momento, depois de tanto dar prioridade aos meus filhos, eu me colocava em primeiro lugar, pois estava diante de um sonho e da oportunidade de alavancar minha carreira como nunca.

Sem poder contar para ninguém aonde ia, fui destemida para a casa, onde fui recebida com outros artistas. Lá, encontrei o Serginho, que era o meu grande fã – cada um dos artistas convidados tinha um respectivo fã que também participaria daquela edição especial do programa.

Chegou o grande momento e tinha início o reality show.

Nos primeiros dias, eu, que tenho mania de limpeza e organização, percebi que precisaria ficar de olho na casa. Não eram todos que gostavam de colaborar. Comecei a arrumar tudo e entendi que, se não assumisse aquelas funções, ninguém assumiria. Não queria me comportar como mãe de ninguém, mas gostava muito de cuidar. Desde sempre fui assim. E me empenhava em cozinhar para todo mundo, principalmente porque eu era adepta de uma culinária mais saudável.

Embora eu fizesse tudo aquilo pensando no meu bem-estar e no bem-estar de quem estava ali dentro, algumas pessoas que não conheciam a minha verdadeira essência e verdade achavam que eu queria aparecer.

Em qualquer relacionamento, ou na vida, mesmo quando você acha que está sendo espontânea e verdadeira, muitas vezes acaba sendo inocente e acreditando que todo mundo vê a vida com o mesmo filtro que o seu.

Na verdade, as pessoas enxergam as outras com a maldade ou a bondade que existe dentro delas mesmas. Daí vem o julgamento – que é pessoal e intransferível.

Alguém que é incapaz de fazer algo pelo outro enxerga esse tipo de gesto como uma maneira de buscar uma recompensa. Mas naquele momento, ali, confinada numa casa com câmeras me filmando 24 horas por dia, eu não sabia disso.

Lá dentro eu me ocupava de fazer tudo da mesma forma que fazia na vida. Era disciplinada, dormia e acordava cedo, e me exercitava com regularidade. Então, vi uma grande oportunidade: como o programa era exibido para assinantes que tinham a possibilidade de assistir na íntegra, percebi que poderia dar aulas para os telespectadores nas manhãs. E assim foi. Eu acordava todos os dias bem cedo. Mesmo sem saber as horas, esperava sempre um certo passarinho cantar e me levantava. Tomava café e ali fazia um novo amigo, o Agnaldo Timóteo.

O Agnaldo estava acima do peso, era sedentário e comia muito mal antes de entrar na casa, e eu me comprometi, naqueles meses, a ajudá-lo a eliminar os quilos extras. Ao todo foram dez quilos que ele perdeu enquanto estava no programa sob meu treinamento.

Ele era o meu melhor amigo, com quem eu conversava, desabafava, contava sobre minha jornada e filhos. Juntos, nos divertíamos. É com muito amor e carinho que eu falo do Agnaldo, um homem extremamente batalhador e um artista consagrado. No confinamento, Agnaldo e eu éramos unha e carne, sempre fomos amigos, e na casa nós nos defendíamos juntos dos ataques dos adversários.

Enquanto escrevo estas linhas, é impossível não me emocionar. Agnaldo faleceu recentemente de Covid-19 e sempre serei sua admiradora. Ele deve ser lembrado pelo homem maravilhoso que foi.

Conforme as semanas foram passando, começou a surgir uma afinidade maior com o Flavio, um dos artistas participantes.

Nossas conversas aconteciam sempre enquanto estávamos treinando, pois ele era um dos poucos que frequentavam a academia todos os dias. Ele também tinha hábitos saudáveis, e aquela foi a nossa primeira afinidade até acontecer uma festa especial e nos aproximarmos mais.

Deixamos nosso coração falar mais alto. Começamos a nos aproximar mais e a dar um ao outro a oportunidade de ficar junto.

Pronto, lá estava eu acreditando em conto de fadas novamente. Eu me deixei levar pela emoção e pela paixão. E o que era algo puro e natural entre duas pessoas que estavam se conhecendo passou a ser alimentado pelos canais de fofoca, que transmitiam as imagens distorcidas, como se fôssemos um casal movido pela estratégia, apenas para chamar a atenção do público.

Só que ali dentro, na nossa inocência, entregues ao momento, à paixão e à alegria que vivíamos, nem sonhávamos que as más línguas estavam incomodadas com o fato de eu ser mais velha que ele e já ter três filhos.

Até então, a meu ver, eu vivia mais uma história. Estava numa casa deliciosa, aproveitando para descansar, fazendo exercícios, cozinhando pratos saudáveis, participando de festas animadas e fazendo novos amigos.

O Agnaldo, que era meu amigo, me alertava das coisas que eu não podia ver, mas eu não acreditava nele. Confiava no bem, na boa intenção. E tudo ia bem até que nos colocaram no paredão. Eu e meu querido e eterno amigo Agnaldo.

Como éramos muito queridos pelo público, o Silvio Santos mudou as regras do jogo. Disse que, se empatássemos, ambos continuaríamos lá dentro. E assim foi. Ficamos eu e o Agnaldo, para fortalecer ainda mais nossa amizade.

De todos os desafios que passei ali dentro, o maior deles foi não saber como estavam os meus filhos. E num domingo ganhei a benção de vê-los pela televisão da casa. A Bruna dizia: "continua sendo quem você é". E aquilo, que eu ainda não entendia, tinha uma razão de ser.

As manchetes das revistas eram preconceituosas. Muita gente falava que o fato de eu namorar um rapaz mais novo era condenável. A patrulha da moral dizia que aquilo era inadmissível.

Fui atacada e discriminada fora das câmeras. Nunca imaginei que isso pudesse ocorrer, sabendo que eu estava sendo verdadeira e bem-intencionada.

O programa terminou e eu permaneci na casa até o último dia. E, no final do reality, o meu fã foi o grande vencedor.

Quando saí do confinamento, fui assistir aos episódios gravados e era como se abrisse um buraco no meio do chão. Aqueles que me tratavam bem na minha frente me recriminavam quando eu não estava por perto. Isso me fez aprender algumas coisas sobre integridade, sobre ser quem você é, e que o outro julgue da maneira que quiser. De todas as traições, a pior é saber que pessoas que foram gentis com você estão criando mentiras a seu respeito.

Aprendi muito sobre fofoca, sobre opinião pública, sobre manipulação e outro tanto sobre julgamento. E aprendi também que o grande "cala a boca" era que eu e o Flavio permanecíamos juntos, e permaneceríamos ainda por alguns anos, a despeito das fofocas aqui fora.

Lá dentro eu aprendi a me ver, a me olhar, e o grande ensinamento quando saí foi que não importa o que digam sobre você: o que realmente importa é quem você é.

A vida me mostrou em outra ocasião o quanto eu precisava ser forte naquilo que estava determinada a ser. E, em tantos anos de televisão, já passei por maus bocados.

Certa vez tive o desprazer de passar por uma situação humilhante. Era um homem com muito poder dentro de uma emissora. Ele me fez uma proposta indecente. Em troca? Eu seria âncora de um grande programa que estrearia na época.

Senti nojo, raiva, medo, tudo junto e misturado. Nada poderia ser pior na vida do que ouvir uma pessoa que não conhece minha história, minha essência e educação, meus esforços, minhas lutas e meu caráter, me oferecer uma posição em troca do que tenho de mais precioso, que sou eu.

Lembro que, naquele dia, levantei daquela cadeira e fui me afastando, sem dizer uma palavra. Quando cheguei na porta, disse:

– Que nojo!

E saí.

Corri como se estivesse em uma maratona. Quando cheguei lá fora, me senti de mãos dadas com Deus.

Eu me acalmei e arranquei essa página da minha agenda e da minha vida. Aliás, pude me sentir mais grandiosa ainda e orgulhosa de mim.

Muitas mulheres sofrem e passam por esse tipo de situação humilhante.

É nessas horas que pensamos e lembramos como somos valiosas e preciosas. Não custamos nem temos preços como as coisas. Somos preciosidades de Deus. Imagine algum qualquer querendo comprar uma filha de Deus. Coitado desse ser, porque Deus até perdoa, mas a mão dele pesa.

Eu sabia quem eu era e quais eram minhas verdadeiras intenções e meus verdadeiros propósitos acima de tudo.

EXERCÍCIO PARA FORTALECER A ALMA

Só não nos abatemos com o que dizem sobre nós quando realmente sabemos quem somos. Quando sabemos o nosso valor. E não é fácil ter essa certeza. Afinal, na vida, quando você se destaca, muitas forças contrárias agem. Independentemente da sua força de vontade de fazer acontecer, quem não tem a coragem de fazer o que você faz vai te atacar.

Isso aconteceu comigo, que era mãe de três filhos e não estava fazendo nada além de namorar um rapaz bonito, e isso pode acontecer com quem quer que seja.

As pessoas simplesmente não pensarão em você ou na sua família. Elas vão destruir você com palavras e passar por cima dos seus familiares, dizendo coisas para te difamar.

A vida toda vai ser assim. Acostume-se. Mas o bom é que os cães ladram e a caravana passa. Ou seja: a vida continua, apesar das línguas maldosas. Apesar da inveja, apesar de tudo que disserem a seu respeito.

Portanto, o exercício que você vai fazer agora é se lembrar de quem você é. Lembre-se de quem você é. Se você sabe quem é, nada ou ninguém poderá dizer o que for a seu respeito, porque, no seu íntimo, você conhece o seu valor. Assim, você consegue ir adiante na vida e ser muito mais potente.

Agora quero que você enumere as suas qualidades e peça para cinco amigos de verdade falarem sobre todas elas para que você possa ler sempre que se sentir vulnerável.

_____
_____
_____
_____
_____
_____
_____
_____
_____
_____
_____
_____
_____
_____
_____
_____
_____
_____
_____
_____
_____
_____

Só assim, quando vierem críticas, você vai saber quem é de verdade.

Se você espera uma mensagem de alguém e essa mensagem não chega, isso já é uma mensagem.

9º ATO: APENAS MAIS UMA DE AMOR

— Dona Solange, a senhora está na capa da revista...

Quem me avisava era o mensageiro do hotel onde eu estava hospedada. Pensei imediatamente: "Revista? Mas eu não tirei foto nenhuma para capa de revista estes dias... que revista?". Ele viu a minha expressão de quem não sabia nada do que se passava e continuou...

— Sinto muito...

"Sinto muito?" O que ele estava querendo dizer? Em vez de ir para o quarto, desci as escadas, ainda sorrindo. Mas era um sorriso que escondia minha preocupação. Que escondia meus nervos à flor da pele. Que escondia meus piores medos.

Fui caminhando até encontrar uma banca de jornal, mas não conhecia direito o Rio de Janeiro. Estava hospedada ali com as minhas filhas para fazer uma palestra para mulheres em um hotel na Barra da Tijuca. Fui caminhando, imaginando por qual motivo ele teria me visto na revista e por que "sentia muito". Estaria enganado?

Na época, eu estava casada com um ator e completamente apaixonada por ele. O relacionamento tinha começado quando ele me procurou para ser sua personal trainer e ajudá-lo na sua preparação física para uma novela.

Era alto, bonito, moreno, além de muito educado, gentil e cavalheiro. E apesar de saber que ele estava solteiro, assim como eu, mantive a postura profissional, mesmo quando ele me convidava para sair.

Recusei algumas vezes, até aceitar ir assisti-lo numa peça em que estava atuando.

Tinha decidido dar um voto de confiança depois de vê-lo falar por telefone com a filha. Ele era carinhoso, dedicado. Um pai que me comovia. E eu, que sempre tinha idealizado um homem com quem pudesse ficar para sempre, senti o desejo crescer. Via os casais perfeitos, com famílias legais, e pensava que não tinha proporcionado aquilo para as minhas filhas. Seria uma grande realização.

Já tinha me decepcionado muito em relacionamentos, e ainda acreditava que poderia existir o tal do príncipe. E esse parecia ser um. Amoroso, me cortejava como um homem de verdade. Por que não dar uma chance para a sorte?

Acabamos nos tornando amigos, e da admiração nasceu a paixão. Começamos a namorar a partir do primeiro beijo. Era uma relação de afeto, de troca, e comecei a ser mimada como nunca tinha sido antes.

Os meses se passaram, ele tinha conhecido minhas filhas e pensado em todos os detalhes da relação, que nascia na ponte aérea. Até que um dia, enquanto dávamos uma entrevista para a televisão, juntos, ele me pediu em casamento. Foi uma surpresa: eu não esperava por isso depois de apenas seis meses juntos.

Já estava combinado com a equipe, o programa era ao vivo, e, na surpresa, aceitei. Estava plena e realizada.

Não sei se você já se sentiu amada, mas é quase melhor que amar. Sentir-se amada, cortejada, com um homem ao lado que faz tudo por você, é uma das realizações que me faziam estar plena como mulher.

Eu, que sempre tinha pedido a Deus por uma pessoa boa e fiel. Eu, que queria compartilhar minha vida, minha carreira, meu sucesso com alguém, estava em fase de alegria completa. Nessa época, eu estava estreando na televisão um programa que se chamava *Solange Passo a Passo*.

Ele, por sua vez, era um homem bonito, cobiçado, sempre fazia novelas, e eu me enchia de orgulho ao vê-lo atuando. Aliás, ele sempre foi um excelente ator.

Caminhando até a banca de jornal naquele dia, por um momento pensei que a manchete da revista poderia estar relacionada a nós. Os sites de fofoca adoravam criar polêmicas nos casamentos dos famosos. E estávamos casados havia algum tempo.

Então, quando finalmente encontrei uma banca, vi a revista. Minha foto e, ao lado, a foto dele de mãos dadas com uma mulher.

Um paparazzi havia flagrado meu marido, meu príncipe, o homem com quem eu dividia a minha vida, ao lado de outra pessoa.

Em choque, senti o golpe daquela foto.

Eu estava usando roupa de praia e, do jeito que estava, atravessei a rua e comecei a correr sem parar e sem direção. Eu corria e engolia as lágrimas misturadas com areia. Éramos tão parceiros que eu não acreditava no que meus olhos tinham visto.

Corri, corri, chorei e morri um pouco por dentro. Quando estava cansada de tanto correr e chorar, voltei para o hotel. Meu rosto inchado denunciava que eu já tinha visto a revista. O mensageiro do hotel nem precisou dizer nada. Abaixou a cabeça, envergonhado, e eu fui para o quarto.

No quarto, minhas filhas me esperavam. Pedi que se sentassem e expliquei a elas tudo que tinha acontecido. Vivíamos uma relação de franqueza total.

Eu não tinha como defender o indefensável. Não tinha como fazer nada. Apenas peguei o telefone e digitei o número dele. Quando ele atendeu, suas únicas palavras foram:

— Você já viu, meu amor? Perdão!

Respondi que sim, e ele não negou. E aquela história linda, com aquele príncipe maravilhoso, acabou ali. Um casamento que parecia ser eterno, no qual eu acreditava ter cumplicidade total, terminou da mesma maneira que tinha começado: repentinamente.

A tristeza me abateu e chegou para ficar. Tentei recuperar o resto da minha dignidade nas semanas seguintes, enquanto ele mandava seu assessor buscar suas coisas em casa.

Lembro que a imprensa me procurou para que eu desse a minha versão do término da relação, e em nenhum momento maculei a dignidade dele, mas foi doloroso. Os términos são doloridos. Mas eu também aprendi com aquele término, porque, embora tenha sido uma decepção das boas, vi que podia aguentar qualquer coisa e que isso fazia parte da vida. Não foi uma questão de perdoar ou não. O que marcou foi a decepção que sofri, sem saber de onde tinha vindo aquele golpe do destino.

Eu só não achava justo ter medo de me entregar depois daquilo. Ter pudor de entrar num novo relacionamento, sem medidas. Eu não podia fazer aquilo comigo mesma. Dependia de mim aceitar e seguir em frente, ainda com a esperança de encontrar um novo amor.

Até hoje, quando me perguntam, depois dos relacionamentos amorosos que tive, "Solange, você não desistiu?", eu digo: "Não. Eu nunca desisto de nada".

Por isso, sempre digo: não desista de nada em que acredite. De você, da vida, da carreira, dos relacionamentos. De nada. Se for para desistir, desista de ser infeliz.

Você vai cair centenas de vezes. Vai ser empurrada, derrubada, torcida do avesso. Mas desistir, jamais. Ainda temos muito chão pela frente.

Exercício para fortalecer a alma

Todo mundo já sofreu por amor. Seja por ele não ser correspondido ou por qualquer outra eventualidade.

A questão é como continuamos depois de juntar os caquinhos.

O que eu peço que você faça agora é agradecer as partes boas dos seus relacionamentos. Todos eles, por piores que tenham sido, ensinaram algo a você.

Agradeça a parte boa e conserve-a para você.

Faça uma lista de como quer que seja o seu próximo relacionamento amoroso. Inclua como quer que ele te trate, o seu caráter, todas as suas qualidades.

_____
_____
_____
_____
_____
_____
_____

Isso vai te impedir de se contentar com menos do que merece quando encontrar alguém. Porque o risco que corremos depois de nos decepcionarmos é chorar as mágoas com pessoas para passar o tempo, sem que gostemos delas de verdade.

    É melhor ficar sozinha do que perder tempo com um relacionamento mais ou menos ou com quem não te merece. Acredite em mim.

Agora, escreva: que relacionamento você quer preservar daqui para a frente e por quê?

O mal do homem é errar com a mulher certa.
E o da mulher é insistir com o homem errado.

10º ATO:
DOIS CORAÇÕES
E UMA HISTÓRIA

No dia que ela desmaiou nos meus braços, de maneira inesperada, perdi totalmente o norte.

Minha mãe sempre foi uma fortaleza. A razão. Ela e meu pai sempre tiveram isso de diferente entre si. Ela era a razão e fazia as coisas sempre ponderando prós e contras, de maneira pragmática, e meu pai se debulhava no coração, com emoções sempre à flor da pele.

Todos nós estamos acostumados a ver nossos pais como heróis, mesmo que eles não sejam exatamente isso. Ou que tenham aspectos que nem consideremos tão heroicos assim. Só que os pais vieram antes de nós, por isso achamos que são eles que deveriam cuidar da gente, e não o contrário.

De um tempo para cá, eu trouxe a minha mãe para morar comigo. Foi dentro da minha casa que aconteceu o fatídico episódio que nos fez perceber que eu não estava preparada para lidar com a sua fragilidade.

Quando ela desmaiou nos meus braços, para depois se levantar sem lembrar exatamente do que tinha ocorrido, eu me lembrei de quantas vezes tinha sido mais forte do que sabia ser. E como tinha aprendido aquilo justamente em ocasiões em que não havia alternativa a não ser encontrar a força dentro de mim.

Falar de cuidar dos pais é um assunto pra lá de delicado, e de cara digo: muita gente não dá conta. Não dá conta exatamente porque ficar cara a cara com o declínio da vitalidade de quem te gerou é algo que perturba e desestabiliza por completo.

Conheço pessoas muito próximas que, quando os pais começaram a dar trabalho, optaram por colocá-los em asilos. Não as julgo, pois sei que cada um tem suas responsabilidades e limitações, mas nunca imaginei que isso pudesse acontecer na minha vida.

Eu, como filha, quando vi meus pais, com quem tinha passado toda a infância e adolescência, como dois indivíduos separados, acabei ocupando outro lugar dentro de casa. Um lugar que não me cabia, mas que acreditava que deveria ocupar: o lugar de mãe.

Como a lógica tinha sido invertida – porque quem saíra de casa na separação tinha sido a minha mãe –, deixando os cuidados dos filhos para meu pai, a coisa toda tinha mudado de figura. Eu me sentia na obrigação de dar conta dos afazeres domésticos. E como o via abalado emocionalmente, sentia que cabia a mim a grande responsabilidade de fazer a estrutura funcionar.

Temos nos pais a nossa segurança. De certa forma, mesmo que às vezes saibamos que eles não têm certeza de para onde ir, acreditamos que eles são adultos e têm mais facilidade de conduzir as coisas. Só que isso não é verdade.

Os adultos nem sempre sabem como conduzir as coisas. Os pais nem sempre sabem. E, para os filhos, encarar essa fragilidade dos pais chega a ser de muita responsabilidade, porque, em vez de aceitá-los como seres humanos que são, ficamos tentando levá-los de volta ao status que nós mesmos tínhamos criado para eles.

Hoje, aos 58 anos, sei que ninguém pode fazer o outro feliz. Que a felicidade deve partir de nós, que devemos preservar os momentos de luto e que era perfeitamente natural que meu pai estivesse sofrendo e vivendo uma tristeza sem precedentes. Mas eu ainda tinha a maturidade de uma criança na época, embora já não o fosse mais.

Hoje percebo que esta se tornou uma característica minha: a dificuldade de ver alguém sofrendo. E isso acontece com meus entes queridos. Com as pessoas que amo muito, eu sinto a dor delas, porque me coloco em seu lugar. É como se a partir daquele momento disparasse um gatilho que me fizesse esquecer de mim mesma para colocar o outro em primeiro plano.

E naquela época eu esquecia de verdade quem eu era. A esportista, a jogadora do time de vôlei feminino que sonhava se tornar atleta.

Eu simplesmente anulei as minhas metas e às vezes, enquanto lavava a louça com a torneira aberta e ninguém podia escutar meu choro, eu deixava as lágrimas escorrerem. Chorava e pensava: "O que meus amigos estão fazendo agora?".

Imaginava todos no clube se divertindo, as amigas jogando no time de vôlei, e de repente engolia o choro e dizia para mim mesma: "mas isso me faz crescer. Isso me faz bem".

Foi nessa época que comecei a cozinhar. Cozinhava para fazer as pessoas felizes. Inconscientemente, eu sabia que aquele era um jeito de pedir ajuda ao meu pai, que adorava cozinhar.

– Papai, como faz aquela carne assada que o senhor prepara tão bem?

Era nesses momentos que ele sorria, calçava o chinelo e ia comigo até a cozinha para me ensinar. E era nesses momentos que nos divertíamos juntos. Eu queimava as coisas às vezes e isso o fazia rir. E arrancar um riso dele naquela época era como uma vitória pessoal.

Então, quando o via mais descontraído e alegre, eu dizia para ele descansar, que iria buscar minha irmãzinha na escola.

Olhando para trás, para a Solange de 16 anos, consigo enxergar como esse período foi pesado para mim. Foi pesado, porque eu assumia uma responsabilidade grande para que tudo ficasse bem, como se nada estivesse acontecendo naquele momento.

Era um buraco. E a gente não aprende desde criança a lidar com buracos. A gente não aprende a lidar com ausências, com perdas, com brigas. A gente quer se acostumar com o fato de que tudo sempre será um castelo encantado. E o mais engraçado disso tudo é que a vida toda, através dos meus pequenos e grandes desafios, parecia querer me ensinar justamente isto: como lidar com os buracos, com as perdas, sem fazer de conta que estava tudo bem, sem passar por cima dos problemas feito um trator, sem querer ser a Poliana ou a super-heroína que sempre sorria diante dos desafios e dizia "tá tudo bem", mesmo devastada por dentro.

Afinal, o desafio é VENCER O QUE PARECE IMPOSSÍVEL. E nesta vida o impossível é aquilo que não tentamos.

Mudei muito pouco de lá para cá. E isso às vezes não é bom. Tenho dor de estômago, mesmo sendo muito saudável. E por que tenho dor de estômago? Porque, além de engolir sapos indigestos, às vezes tento controlar tudo para que ninguém sofra. Meu desastre pessoal é não querer ver ninguém sofrer e atender a todos. Nem meus bichanos deixo sofrer por nada.

Na época, sem saber como continuar com meus sonhos paralelamente, eu aproveitava para me desenvolver em outros aspectos. E, no fim das contas, quando faço um balanço disso tudo, vejo que na verdade foi um período de aprendizado intenso. Acabei desenvolvendo outras habilidades e cresci de um jeito que jamais teria crescido se as coisas não tivessem caminhado daquela maneira.

Penso que foi Deus que colocou na minha mão aquele desafio, para que eu evoluísse e crescesse, já que até então vivia como uma princesinha num castelo encantado.

Mas até os castelos podem desmoronar. Dependem da força dos ventos e das tempestades.

E a realidade às vezes é tão pesada que a gente não dá conta dela.

A responsabilidade de fazer meu pai sorrir, de fazer minha mãe e minha irmã não sofrerem, tinha um peso maior para mim.

Meu pai começou a voltar à realidade depois dessa fase, e hoje percebo que isso aconteceu porque o tempo dá conta de aliviar nossas dores. Não é alguém de fora que cumpre esse papel de tirar a gente do buraco.

Enquanto isso, na minha ingênua condição de filha, eu supunha que meus pais pudessem reatar e alimentava uma falsa esperança de que tudo não passava de uma fase ruim. Isso me impedia de lidar com a realidade de maneira clara e objetiva.

No fundo, eu sabia que, se eles voltassem, eu poderia descansar. Porque emocionalmente era desgastante passar por tudo aquilo. E carregar a felicidade dos outros é algo que jamais deveríamos fazer com nós mesmos, pois não compete a nós. Principalmente como filhos.

Eu queria pôr panos quentes nas brigas dos dois, e aquilo me fazia sentir ainda mais pesada. Foi na época de maior turbulência da minha vida que conheci o pai das minhas filhas. E entendo que aquela relação era como uma boia salva-vidas, algo em que eu queria me agarrar para ser salva da realidade que vivia.

Um ano depois da separação, meu pai teve um infarto. Daqueles que nos pegam de surpresa e deixam todo mundo sem rumo.

Quando ele foi para o hospital, aí sim perdi o chão. Era impossível sobreviver àquilo. Sem minha mãe em casa e com nosso pai internado, a vida parecia uma completa desordem. Ficamos sozinhos, nos sentindo absolutamente desamparados e com medo de perdê-lo.

Ele fez uma angioplastia, desentupiu as artérias e durante mais alguns anos vivemos sem surpresas, até que o segundo infarto veio, muito mais forte. E aí sim vimos a morte de perto.

Hoje percebo que tenho forças para tudo, mas não sou boa em lidar com esses movimentos que não posso controlar. Quando perco o controle, me desestabilizo e sinto que nem Deus pode me ajudar. É como se eu fosse sugada por um buraco negro e me sentisse novamente naquela cama de hospital escura e fria, aos 7 anos, sem saber se estava viva porque estava apavorada demais com o que poderia me acontecer.

Meu pai perdeu dez quilos na época, e naquele ano comecei a controlar ainda mais a alimentação dele. Não deixava ninguém fazer comida gordurosa, com sal. E sentia que cuidar dele, a partir daquele momento, seria uma constante na minha vida.

Mas quem prepara a gente para cuidar dos nossos pais? Tem algum curso, como o curso de pais oferecido pelas maternidades? Não.

Caímos de paraquedas na vida adulta e começamos a enfrentar desafios inimagináveis. Quando minha mãe também teve seus problemas de arritmia, vi que meu pai e ela, embora tivessem crescido, eram dois corações apertados.

Porque pai e mãe também sofrem. Seja por culpa, medo, ansiedade ou por pensar que poderia ter sido diferente.

E isso tudo vai somatizando no corpo. Conforme passei de filha a cuidadora de meus pais, que tinham plena capacidade de exercer suas atividades, mas estavam no declínio evidente de suas forças, entendi que o ciclo da vida é um fenômeno que nos assusta, principalmente quando quem teoricamente deveria cuidar de nós começa a apresentar sinais de que não consegue cuidar de si mesmo.

Na turbulência das minhas separações, eu sempre tinha esses episódios para resolver. Pensava: "nossa, como é mais fácil cuidar de uma criança".

Porque criança a gente administra melhor. Por pior que seja, é mais instintivo com os filhos, pois temos o instinto materno.

Estar diante dos cuidados com meus pais me dava uma sensação de "o que eu faço agora?". Porque é inesperado, mas ao mesmo tempo é necessário. A gente quer que eles tenham saúde, não quer demonstrar preocupação, e tudo fica mais intenso.

No meio desses cuidados, minha tia perdeu uma filha e aquilo veio como uma bomba. Eu só conseguia pensar: "Que dor é essa?".

Até hoje nem sei como administro essa dor. Preciso dividir com alguém a dor de não saber o que fazer quando meus pais adoecem. É enlouquecedor saber que aqueles que amamos têm suas fragilidades e não serão eternos.

Ainda lembro do colo do meu pai quando eu era criança, mas hoje a sensação é a de que sempre dei mais ajuda do que pedi. Talvez ainda seja um grande desafio pedir ajuda, porque a minha intenção é sempre poder fazer algo pelo outro, sem deixar a pessoa sobrecarregada. Só que, no fim das contas, quem se sobrecarrega sou eu. Sou eu que acabo vestindo a capa de Mulher-Maravilha para dar conta de tudo, achando que vou voar por aí e salvar quem estiver precisando de ajuda.

Hoje, o que tenho a dizer é que estou aprendendo a pedir ajuda. Reconheço que tenho minhas fragilidades e que nem sempre posso contribuir com tudo. Isso faz de mim humana.

E meus pais? Ainda não estou preparada para o que venha a acontecer com eles nos próximos anos. Embora saibamos desde o momento em que nascemos que a única certeza da vida é a morte, é diferente pensar em nosso fim ou no de quem conhecemos.

A interrupção da vida pela morte é uma das coisas mais naturais que existem. Mas evitamos ao máximo pensar nela.

Não viemos tão preparados assim.

EXERCÍCIO PARA FORTALECER A ALMA

Demorei muitos anos para saber pedir ajuda. Já falei aqui que sou a pessoa que mais deu ajuda do que pediu.

A maioria das mulheres não consegue pedir ajuda e fica sem graça, achando que é impotente por causa disso.

Pedir ajuda é sinal de força e inteligência, mas demorei para perceber isso e acumulei muitas funções e tarefas.

Entenda que você não é capaz de dar conta de tudo sozinha, muito menos de se tornar mãe dos seus pais.

Liste onde seria bom contar com algum tipo de ajuda, seja na casa, com os filhos, no trabalho, com os pais etc.

_____
_____
_____
_____
_____
_____
_____
_____
_____
_____
_____
_____
_____

Identifique de que maneira você poderia buscar essa ajuda e enumere as coisas que você pode delegar para não se sobrecarregar.

_____
_____
_____
_____
_____
_____
_____
_____
_____
_____
_____
_____

11º ATO: MEDO DE DOENÇA

Uma doença significa a maior fragilidade da vida. E também um episódio de desequilíbrio ou uma tentativa do corpo de reestabelecer o equilíbrio.

Afinal, por que adoecemos?

Essa pergunta é difícil de responder desde o dia em que fui ao hospital, ainda menina, fazer o procedimento na garganta, e que ficaria marcado para sempre na minha lembrança, desencadeando um episódio de asma.

Aquele foi o primeiro, mas estava longe de ser o último episódio de doença que eu enfrentaria ao longo da vida.

Mas a pergunta que nunca quis calar era: por que eu tinha tanto medo de ficar doente ou de ver outras pessoas doentes?

Lembro da última vez que minha filha pediu que eu pegasse meu neto porque ele tinha tido uma febre alta e ela precisava trabalhar. A palavra "febre" já me trazia instabilidade. Conforme eu pensava nele, lembrava da última vez que tinha ficado hospitalizada.

As férias tinham sido incríveis. Eu e minhas filhas em Las Vegas para comemorar meus 50 anos. Só que, na volta, me sentei ao lado de uma pessoa gripada no avião.

Foram horas num lugar fechado que me custaram a saúde. Cheguei a São Paulo com uma febre que só aumentava. Corri para o hospital e veio o diagnóstico: H1N1.

Fiquei completamente sem reação. Como um vírus microscópico podia derrubar uma pessoa como eu? Mal conseguia me mexer, levantar da cama ou fazer qualquer coisa, com o corpo dolorido e inerte. Isso me fazia refletir sobre como somos frágeis e não temos qualquer controle sobre a vida. Embora possamos cuidar da saúde da melhor maneira possível, os episódios de doença serão inevitáveis.

Aos 19 anos, tive uma meningite que me paralisou.

A vida me mostrava que eu precisava ficar parada, que precisava descansar.

Constato que o medo da doença veio como o medo de lidar com o inesperado e com o que não posso controlar. Qualquer coisa que representa a interrupção do ciclo natural da vida me afeta profundamente.

Sou voltada para o bem-estar, mas o lado ruim disso é que não gosto de momentos de doença. Embora saiba que eles fazem parte da vida, ainda preciso aprender a lidar com isso, pois gasto energia evitando que as coisas aconteçam. Eu não precisaria sofrer tanto.

Se pararmos para pensar, a vida é tão breve que deveríamos agir mais e sofrer menos. A ação confere movimento à nossa vida. E quando pensamos demais, preocupados, com a energia na cabeça, construindo hipóteses sobre o que pode acontecer de ruim no futuro, perdemos o que há de mais valioso: o tempo.

Sou apaixonada pela vida, e viver me consome tanto que pensar na hipótese de ver alguém ou a mim mesma presa numa cama ou impossibilitada de viver me tira do eixo.

Quando decidi escrever este livro, a ideia era me desnudar. Não esconder de mim mesma ou das minhas leitoras tudo aquilo que fazia minhas estruturas tremerem.

Eu sei que não é fácil dizer coisas que queremos esconder até de nós mesmas, mas, quando me proponho a fazer esse exercício de autoconhecimento, sempre saio ganhando. Porque, quando conhecemos nossas fraquezas, crescemos. Não adianta contar as vitórias, as glórias, a parte boa da vida. É preciso trazer à tona tudo que nos faz chorar, o que nos faz ter medo, o que entope nossa mente em dias claros quando as coisas parecem estar indo bem.

A pergunta que faço para o espelho é sempre a mesma: quando vamos parar de inventar medos e enfrentar a vida com a coragem que ela merece?

Para os momentos de medo, tento me apegar à minha fé.

Estes dias li uma frase interessante, que dizia assim: "pensei que era um abismo, mas era o mundo me ensinando a voar".

Percebi uma verdade nessa frase. Percebi que, nesses abismos em que nos encontramos, buscamos a força das asas que estão escondidas e precisam ser exercitadas. São desafios que parecem intransponíveis, mas que nos mostram que sempre existirão períodos na vida em que enfrentaremos o desconhecido. Talvez você não conheça o mito da caverna de Platão, mas ele fala sobre os medos que moram dentro de cada um de nós.

O mito é sobre prisioneiros que vivem acorrentados numa caverna e que passam todo o tempo olhando para a parede do fundo, que é iluminada por uma fogueira. Nessa parede são projetadas sombras de estátuas representando pessoas, animais, plantas e objetos, mostrando cenas e situações do dia a dia. Os prisioneiros ficam dando nomes às sombras, com medo delas.

Vamos imaginar que um dos prisioneiros fosse forçado a tirar as correntes para poder explorar o interior da caverna e o mundo externo. Ele entraria em contato com a realidade e perceberia que passou a vida toda analisando e julgando apenas imagens.

O que a gente aprende com isso é que nós, seres humanos, temos uma visão distorcida da realidade. No mito, os prisioneiros somos nós, que acreditamos em "sombras" daquilo que desconhecemos e que não são reais. São apenas sombras que nos apavoram.

É preciso sair da caverna para enxergar o mundo. Ir até aquilo que mais tememos, para ver que não era nenhum bicho de sete cabeças.

Enfrentar os nossos medos é o ato de maior coragem que podemos praticar.

EXERCÍCIO PARA FORTALECER A ALMA

Enquanto escrevia este livro, caí de cama, num episódio de febre, dores pelo corpo e gripe, que me paralisou.

Fiquei refletindo que não nos deixamos abater, mas precisamos ser gentis conosco quando isso nos ocorre.

O que você vai fazer hoje por si mesma? O que vai fazer para estar consciente? Para ser integralmente responsável por si mesma? Será que adoeci porque meu corpo precisava de descanso? Por que fiquei vulnerável a um vírus? Essa resposta não terei, mas prometo que o exercício será observar a mim mesma, minhas atitudes e verificar se meu corpo está me dizendo para diminuir o ritmo.

Vamos falar um pouco sobre autoconhecimento
Na maioria das vezes, sabemos onde residem nossas fragilidades. Não é só cuidar do corpo, mas também da mente e do espírito. Precisamos cuidar da nossa parte emocional, porque estaremos vulneráveis se a cabeça não estiver boa, mesmo com o corpo em dia e fazendo exercícios físicos.

Então, como você está de forma geral? Sua saúde mental, física, emocional?

Observe a si mesma.

Para a vida ter equilíbrio, existem momentos em que você precisa de pausas. Observe se está tendo esses momentos e se está respeitando a si mesma.

Por isso existem as férias. Do trabalho, da mente, dos filhos, férias em geral, para você se recompor. Você faz uma pausa de verdade naquilo que pode estar te consumindo.

E você? Pode diminuir o ritmo antes que uma doença te impeça de seguir em frente?

Pense nisso.

_____
_____
_____
_____
_____
_____
_____

*Você pode reclamar por acordar cedo ou
agradecer por ter acordado.*

12º ATO: SAÚDE FÍSICA

Todos os dias preciso fazer pelo menos 30 minutos de exercícios. Ficar comigo mesma, em silêncio, se tornou uma necessidade.

É difícil entender que precisamos nos reconectar com nós mesmas, que esse é o antídoto para a loucura que a sociedade nos impõe como ritmo. E quero transmitir isso para quem eu puder, pois, sempre que conto sobre meu estilo de vida, vejo pessoas se transformando – me admirando seja porque não aparento ter a idade que tenho, seja pela energia que ainda preservo.

A questão é que contribuir para que mais pessoas tenham qualidade de vida, para mim, tornou-se sagrado, um propósito.

O bem-estar, por si só, já é um ganho. Mas o mundo parece não entender o significado dessa palavra. Só lembramos disso quando ficamos doentes. E esta é a praga do século: ignorar completamente a saúde enquanto a temos ou achamos que temos só porque não estamos aparentemente doentes.

Será que, se todos soubéssemos o quanto podemos agir em favor de nós mesmas, teríamos a incompetência de não cuidar do nosso corpo diariamente?

Recentemente, fui procurada por uma famosa revista de grande circulação. O objetivo da matéria era o seguinte: descobrir como eu me conservava jovem. As pessoas sempre diziam "só pode ser genética", e eu estava farta de ouvir aquilo porque sabia dos meus esforços para ter uma vida saudável e um corpo que aguentasse literalmente o tranco da minha rotina puxada – sem qualquer ajuda.

A verdade é que seria feito em mim um teste genético. Colheram saliva, fizeram uma série de exames que foram enviados para um laboratório renomado no Canadá. O intuito era verificar se a minha genética era realmente boa. Afinal, todo mundo acha que é isso que conta, certo?

O resultado foi o que sempre pensei: minha genética era péssima, ou seja, os genes herdados de meus pais não contribuíam em nada para a minha saúde.

Se fosse pela genética e minha predisposição a todos os tipos de doenças, de arritmia a diabetes, eu estaria infartada e de cama aos 58.

Só que não.

Decidi ainda jovem que seria uma pessoa saudável. E isso impediu que minha genética me levasse pra baixo. Eu sou saudável e retardei meu envelhecimento, mesmo com uma genética ruim. E esse estudo, comprovado pelo maior laboratório de pesquisas do mundo aqui no Brasil e realizado no Canadá, prova isso.

Hoje finalmente posso bater no peito e dizer: não é genética, é autocuidado.

As pessoas não sabem o quanto a atividade física faz bem e não têm a menor noção de bem-estar. Não dá para retardar o relógio, mas dá para fazer o melhor para envelhecer da melhor maneira possível. Mostrarei isso no meu dossiê físico, disponível nas páginas finais deste livro.

Fui aprendendo a me cuidar aos poucos.

Dos 30 aos 40, tudo absolutamente regrado e perfeito. Não tinha restrições tão severas e aos domingos liberava o menu do cardápio, com direito a massas, sobremesa, pizza e até mesmo sorvete, que foi minha paixão. Aos domingos, eu liberava geral. O corpo era impecável naturalmente, apenas com as regras da semana, e não mudava nada com a chegada da segunda-feira. Tudo no seu devido lugar.

Dos 40 aos 50 eu disse "opa, o que eu fazia até ontem e dava resultado não está mais tão eficaz assim". Alguma coisa teria que ser estudada. Sim, minhas caras amigas: o tempo é implacável. Lidem com isso, mas não temam o tempo. Ele pode ser nosso aliado a todo momento. A maturidade, o conhecimento e a expertise que a maturidade nos dá são incríveis. Em contrapartida, também dificulta um pouco a busca pelo corpo em forma, mas nada que não seja possível.

Envelhecer com saúde não é tentar parecer mais jovem. Mesmo porque eu faço questão de dizer minha idade por onde passo, ela é motivo de orgulho. E outra: um dia vamos envelhecer, pois é natural que ocorra degeneração celular. Mas podemos muito bem adiar esse momento com algumas atitudes e ações. Estar madura e com mais idade não significa estar "velha" e indisposta para a vida.

Envelhecer com saúde é saber que, apesar dos seus anos de vida, você pode fazer coisas que fazia quando mais jovem. Temos esse direito. No entanto, deixamos que nos digam que, conforme envelhecemos, vamos perdendo a energia. Só que não cuidamos para que ela nunca acabe.

O que mais vemos por aí são pessoas sem energia, correndo atrás de um ciclo vicioso e autodestrutivo. Pessoas desregradas, que estão dia após dia morrendo aos poucos com o açúcar que ingerem e a vida sedentária que levam. O pior é que não percebem que podem interromper o ciclo da vida a qualquer momento. Fico triste em ouvir alguns dizerem que vão morrer mesmo um dia, e por isso "vão comer de tudo e beber todas". Não percebem que envelhecer com SAÚDE e disposição é a chave para o sucesso.

Sabemos que a serotonina é fabricada no intestino, e essas pessoas só vão se sentir bem quando estiverem com a alimentação adequada. A endorfina é produzida pela atividade física, pelo exercício, e nos faz sentir bem mais dispostas e vivas, porque houve uma ação de movimento. Os neurotransmissores podem nos beneficiar quando quisermos.

Quando era mais jovem, eu não tinha a experiência que tenho hoje. Cuidava do corpo com exercícios como se fosse a maior ferramenta que tinha para combater aquilo que eu não sabia como enfrentar. Sempre foi a minha blindagem. A ação do corpo foi que me salvou da síndrome do pânico e de muitos momentos de decisões difíceis. As corridas me inundavam de sensações boas e até mesmo de respostas que me ajudaram a superar períodos bem difíceis.

Até os meus 40 anos, nunca precisei de tantos esforços ou de uma nutricionista e um endócrino para manter o corpo em forma e encontrar o equilíbrio entre corpo e mente. Simplesmente manter a disciplina e a constância em tudo já era o suficiente.

Depois dos 40, comecei a perceber que a vida saudável precisava de alguns ajustes. Então, comecei a fazer exames de rotina e percebi que meu metabolismo começava a trabalhar mais lentamente. Só que eu não conseguia entender essa lógica.

Eu mantive o ritmo. Sempre gostei da musculação e das corridas ou pedaladas. Às vezes fazia um esporte, ou aulas de localizada mais funcionais, e seguia nesse ritmo.

Nunca fui de comer açúcares nem frituras, mas depois do diagnóstico vindo dos médicos de que a partir dali precisaria gastar mais energia e ingerir menos calorias, porque meu metabolismo tinha entrado no sistema SOS, precisei ser mais restritiva.

Depois de muitas conversas e pesquisas, resolvi ficar seis meses sem nada de açúcar nem alimentos que liberavam açúcar. Eu queria fazer um teste para ver como seria e quais mudanças aconteceriam de fato. Restringi também as farinhas brancas e as massas, e os tão falados doces venenos. Lá fui eu para o grande teste.

Inicialmente era uma questão física, por sentir que alguma coisa estava diferente. Só que, com o decorrer do tempo, comecei a perceber muitas bençãos na minha vida.

Eu me sentia mais disposta ainda, mais animada para tudo, minha pele voltou a ser firme e viçosa, e até os níveis hormonais se equilibraram a ponto de eu me sentir uma jovem de 20 anos.

A conclusão é que realmente descobri um grande segredo da juventude. Tudo que faz subir nosso índice glicêmico pode nos prejudicar em excesso. Farinhas brancas, arroz branco, massas, pães brancos e doces em geral saíram do meu cardápio e eu ganhei mais juventude na aparência e na disposição.

Comecei a estudar a fundo os efeitos dos açúcares no corpo e fui percebendo que aquilo tinha mudado a minha vida, principalmente naquela fase dos 40+. Eu me sentia mais disposta e muito mais bonita. As pessoas diziam: "nossa, você está muito mais radiante, o que fez? O que está usando?".

Além de tudo, eu ficava menos ansiosa, menos agitada, tinha um sono melhor, e isso tinha efeito no intestino também.

Foi uma grande mudança dos meus 40 até os 50 anos.

Nos meus 50 anos, parece que no dia do meu aniversário mesmo, outras mudanças aconteceram, mas acompanhadas de sua majestade, "a maturidade". Que honra foi fazer 50 anos. Comecei a perceber realmente uma nova fase.

Eu me sentia mais bonita, mais charmosa, mais elegante, mais sábia e inteligente. Comecei a me achar mais interessante aos olhos dos outros, e dos homens inclusive. Era muito mais elogiada do que quando tinha 30, 40. A segurança e a confiança dos 50 nos tornam muito mais atraentes. Tanto que encantei uma pessoa 20 anos mais jovem e aos 50 comecei a viver um novo amor.

Depois disso, falando ainda sobre as mudanças sutis do corpo, depois dos 50 anos percebi ainda mais necessidade de restrições e dedicação à SAÚDE nessa fase em que naturalmente os hormônios começam a reger a orquestra dos desafinados. Ou seja, os hormônios começam a dançar conforme a música. Se a orquestra estiver desafinada, a dança se torna uma catástrofe. Calma, meninas. Olhem para mim e creiam: há saída para tudo.

Essa desordem hormonal vem ao encontro da pré-menopausa. O metabolismo diminui mais ainda, nossa energia deixa de ser gasta por causa disso e as gordurinhas insistem em se acumular na barriga.

Ahhhh, é guerra? Então vamos para a guerra lutar contra os inimigos da SAÚDE, da boa forma, da alegria de viver, das noites bem dormidas, da felicidade, da pele brilhante, do cabelo sedoso, das unhas fortes, do ânimo, da beleza e do prazer.

Um dia gritei no meu quarto bem alto: "Pode vir quente que estou fervendo, sua menopausa ridícula". Pronto! Estou aqui para provar tudo. Parti para a briga contra os sintomas da menopausa e suas consequências.

Ela chegou aos 55 anos, pensando ser a dona do pedaço. Mas como eu já estava esperando quente e fervendo, ela teve que recuar e sair de fininho. Foi um desafio para mim. E amo desafios como se fossem uma provocação pessoal. Então entrei na guerra para competir e vencer.

As mudanças no corpo e o declínio começaram a me provocar aos 50, 51, 52, 53.

Comecei primeiro a fazer exames e mais exames. Com os resultados, descobri que estava ganhando gorduras corporais apesar de não ingerir açúcar, mesmo com exercícios, mesmo com vida e hábitos absolutamente saudáveis. Percebi que a guerra não ia ser tão fácil.

Para equilibrar, eu precisava mudar um pouco mais. E entendi que, depois de tanto pesquisar que a musculação seria vital e o aeróbio mais intenso, eu precisava acelerar o metabolismo, para fabricar mais serotonina. Na alimentação, descobri que tinha que diminuir o número de frutas que comia por dia, cortar os sucos e acrescentar mais água. Precisei regrar mais ainda minha alimentação com leguminosas, verduras, oleaginosas, azeite, aveia, peixes como atum e salmão, e controlar o consumo de glúten e lactose. Apesar de não ser alérgica, eu sabia que era intolerante por motivos claros como estiramento depois do consumo. Além disso, sei que os integrais e a lactose são inflamatórios. Também passei a suplementar com antioxidantes poderosos, as vitaminas C, D, E e magnésio, e precisei focar nos colágenos bons, como os hidrolisados e com Verisol. Também lembro agora que comecei a repor uma quantidade maior de resveratrol com um concentrado de amora natural.

Entendi também que, além disso, precisava buscar equilibrar mais o estresse, o cansaço e a correria. Muitas vezes é inevitável correr atrás do trabalho o dia inteiro. Mas isso não é bem-vindo. Não é saudável para ninguém ter tanta preocupação: ora com os filhos, ora com os pais, ora com o trabalho.

As coisas não podiam mais ser mais daquele jeito.

Mesmo lidando com a vida de maneira equilibrada, eu tinha uma rotina estafante. E era uma rotina da qual eu não desapegava nunca. Tinha aprendido, desde meus 17 anos, que precisava cuidar de tudo para que não faltasse nada para ninguém. Precisava apagar incêndios todos os dias e salvar a casa, precisava sustentar pessoas, e achava que tudo ia ruir sem mim, que eu não podia parar nunca, que era essencial cuidar de alguém o tempo todo.

Eu não tinha uma vida fácil. Preocupações mil, três filhos, sozinha, sem um parceiro para dividir o peso de tudo isso.

Só quem cria três filhos sozinha sabe o quanto precisamos de energia para dar conta do recado. Já nem sei mais quantas refeições preparei para meus filhos, quantas fraldas troquei e quantas mamadeiras fiz. Isso eu costumava contabilizar, porque queria entender como conseguia me manter sã e viva apesar de me dedicar tanto ao outro.

E foi depois dos 50 que entendi: o que eu precisava era relaxar. Um grande amigo, Wiliam Câmara, profissional da meditação, me deu um puxão de orelha.

Lembro de quando eu era uma criança calma e atenta aos passos da minha professora de balé. Para onde tinha ido aquela menina? Aquela calma? Eu poderia recuperá-la de alguma maneira?

Eu precisava aprender a relaxar, senão meus planos de combater a menopausa em todos os aspectos não iam acontecer. E foi com o William que aprendi o relaxamento e a meditação. Primeiro me dediquei à ioga, cujos movimentos, junto com a meditação, me faziam mudar o ritmo, porque ficamos tão condicionados ao ritmo da vida que em determinado momento não sabemos mais qual é o nosso ritmo natural.

Logo depois, decidi que ia levar a sério essa coisa de relaxar. E ele me ensinou a parar cinco vezes ao dia, durante cinco minutos.

— Você já sabe o que tem que fazer. Não precisa ser uma profissional da meditação: cinco vezes por dia vai parar, não importa onde estiver, vai parar por cinco minutos e vai fazer a respiração quatro dois seis. É assim: inspira em quatro tempos, segura o ar em dois e expira em seis. Sempre solta mais em seis, porque é nesse momento que você joga fora o estresse e muda o seu ritmo.

O "quatro dois seis" me acompanhou a partir de então. E entendi que precisava desacelerar. Logo eu, que tinha acelerado tanto para conseguir cumprir todas as tarefas. Senti imediatamente minha vida ser transformada. Era isso que faltava para meu combate à menopausa ser arrebatador. Eu simplesmente entendi que para viver é preciso respirar, parar, sentir, dar voz ao nosso ritmo. Mesmo que a gente coma tudo direitinho, faça exercícios físicos e durma uma boa noite de sono, com excesso de atividades e uma rotina extenuante, ninguém consegue chegar a lugar algum: só envelhecer mais cedo e ter mais rugas e mais cabelos brancos.

A fabricação de dopamina é completamente dependente dos hormônios, e hoje meu lema é manter sempre os hormônios em equilíbrio e o metabolismo acelerado.

Esses são dois pontos-chave que uma mulher precisa conhecer se quiser envelhecer com saúde e ter longevidade, a palavra do século.

Existem formas de ser saudável sem precisar gastar. Os alimentos mais baratos são os que você deve comer sem caixinha, sem saquinho, aqueles que a Mãe Terra nos dá. Você jamais deve comprar um refrigerante em vez de pedir um suco de limão, um salgadinho em vez de uma fruta.

Correr, só na rua ou na academia. Na vida, desacelere.

Eu aposto que essa fórmula dá certo. Feche os olhos agora e se lembre de mim como estou e como sou. Então, peço que confie em mim de olhos fechados.

EXERCÍCIO PARA FORTALECER A ALMA

Eu te desafio a mudar seus hábitos nos próximos 180 dias.
Escreva sua rotina de atividades físicas, alimentação, pausas, descanso, sono e o que você acha que precisa melhorar.

_____
_____
_____
_____
_____
_____
_____
_____
_____
_____
_____
_____
_____
_____
_____

Nas primeiras semanas, corte os açúcares e comece a se exercitar, ao menos 20 minutos por dia.

Quero que você cuide de você como quem cuida de um bebê recém-nascido. Anote as refeições, quantos copos de água ingere, quantos minutos faz de caminhada ou o exercício de sua preferência. Busque meditar cinco vezes ao dia com a meditação que ensinei e não se esqueça de que você precisa respirar. Aconteça o que acontecer, respire!

Você em primeiro lugar.

A vida se encolhe ou se expande na proporção da sua coragem.

13º ATO: SAÚDE MENTAL

— E se você perder o contrato?

Ainda me lembro desse diálogo, que ilustra como as coisas mudaram na minha vida. Quando as crianças eram pequenas, eu fazia malabarismo para conseguir pegá-las na escola, jantar com elas, ter momentos de qualidade, trabalhar e ser uma mãe amorosa, presente, poder corrigir e ajudar na lição de casa, assistir a filmes, passear em parques ou simplesmente ter tempo para uma conversa gostosa. Exatamente o que eu queria ser, quando estava ao lado deles.

Só que eles cresceram e continuei administrando minha vida e minha carreira. Em algumas fases, quando temos certas oportunidades, passamos por cima de nós mesmas e até das nossas prioridades.

Aprendi a não me trair mais e, quando virei a prioridade na minha vida, o jogo mudou. Ganhei o que chamam de saúde mental. Porque não tem preço você ter o controle do que é importante. Nada compra a sua saúde mental, e hoje eu sei bem que, quando sofri de síndrome do pânico, foi quando me distraí e traí a mim mesma.

E sei que minha saúde é importante para mim. Por isso abdiquei de muita coisa para poder viver com mais qualidade. Hoje, com a vida mais estável, as pessoas que trabalham comigo sabem que não participo de reuniões de manhã, pois nesse período meu tempo é dedicado aos exercícios e às minhas prioridades. Sabem também que não marco absolutamente nada no horário do almoço, quando é sagrado estar em casa, nem no horário do jantar. Lógico que, se o trabalho me chamar de manhã, sou a primeira a chegar e a última a sair, pois sou extremamente responsável e britânica com horários. Mas se eu puder escolher, prefiro marcar compromissos a partir do almoço. Ainda me policio para levar marmitinhas nos trabalhos e nas viagens para que as tentações não me traiam. Também me dedico a alguns rituais, como estar com meu pai no almoço às quartas-feiras, e busco meus netos na escola às sextas.

Vejo pessoas correndo alucinadas, marcando reuniões no almoço para otimizar o tempo, e me pergunto: elas não se respeitam? Não respeitam sua vida? Que qualidade de vida elas querem ter agindo dessa forma?

Quando me programo, semanalmente, já calculo o tempo de que vou precisar para cada coisa e computo na agenda o período de deslocamento. Se é difícil e vai me desgastar, cancelo; não posso marcar um compromisso na zona oeste de São Paulo e outro na zona norte no mesmo dia. Faço isso porque imagino as horas que vou passar no trânsito e percebo que, por mais que o dia pareça ser "produtivo", essa maratona vai me desgastar mentalmente.

Hoje é comum vermos nas redes sociais pessoas famosas fazendo cada vez mais coisas em menos tempo. E, pior, se gabam disso. Esquecem que a vida não é uma avalanche de compromissos que queremos ticar na agenda até o final do dia.

Considero o meu tempo sagrado. O tempo com a minha família e o tempo dedicado a me alimentar da forma correta.

Esse estilo de vida pode parecer loucura para você nos dias de hoje, mas sempre fui assim. Quando as crianças eram pequenas, eu calculava as horas em que ia me dedicar ao banho delas, a fazer a comida, e, fora tudo isso, reservava o período do dia em que precisava trabalhar. E, quando estava fazendo uma coisa, tinha concentração total naquilo. Foco total. Nada tirava a minha atenção.

O equilíbrio que te traz bem-estar. O espiritual, o emocional e o físico têm que andar juntos sempre.

Não adianta ter só o físico legal e o emocional legal: o espiritual também tem que estar bem, senão você perde a energia. De que vale um corpo bacana se você está enlouquecida?

De manhã eu sou disciplinada e sigo um ritual muito antigo que me faz bem: levanto mais cedo que o normal para que eu esteja sozinha comigo mesma, e aproveito bem esse tempo. Aprendi que isso me abastece e me dá forças para doar.

Cuidar da saúde mental é saber gerenciar a ansiedade, que tanto prejudicou minha saúde naqueles anos em que eu não soube viver sem me preocupar tanto com tudo.

Hoje eu vivo o hoje. Parece bobagem dizer algo tão simples, mas se tem algo com que preciso me preocupar amanhã, deixo a tal preocupação para que o amanhã cuide dela.

Na minha vida, a preparação para amanhã é assim: "Eu preciso fazer isso". Simples assim. Se eu ficar pensando nas hipóteses, se vai dar certo ou errado, nem saio de casa. Não gasto neurônios me preocupando com algo que vou saber no dia seguinte.

Só que eu também sou contra o lema "viva o hoje e não pense no amanhã", pois o amanhã vai chegar. Você tem que viver o hoje porque você o programou ontem, mas hoje você tem que programar o amanhã.

Por outro lado, quando alguma coisa sai da programação, não me desgasto. Cansei de não gerenciar as coisas e sofrer decepções por isso – ou, pior, gerenciar as decepções. Sempre me decepcionei por criar expectativas imaginárias e depois via a idiota que eu era.

Vale mais não se desgastar com algo que vai ser resolvido no seu devido tempo do que ficar esbaforida pensando no que pode dar errado. Aliás, já que estamos falando de saúde mental, você percebe quanta energia consome pensando no que pode dar errado?

Além disso, quando a vida está exigindo demais, sempre busco a leveza. Não precisamos ser rígidos ou duros conosco.

Minha filha tinha dificuldade para memorizar certas coisas para a prova. Eu dizia: "faz uma cola de mentirinha". O curioso é que, enquanto fazia a cola, ela memorizava as informações. Daí, na hora da prova, não a usava, claro.

No fundo, eu fazia o quê? Tirava o peso e a preocupação das costas dela. E ela sabia que, se fosse mal na prova, não seria o fim do mundo.

Hoje vejo que existe pressão sobre crianças de 2 anos para serem as melhores, falarem inglês, saberem usar o celular.

Acho que falta mais atenção, amor e carinho, que são fundamentais. O depois é apenas o depois.

Não sei aonde vai chegar essa competição desde cedo. Na verdade, eu sei sim: é só entrar nas redes sociais para ver o resultado disso.

Minhas filhas cresceram leves, e foi assim que sobrevivi aos maiores tsunamis. Com a leveza que carrego até hoje. Também mandei embora a culpa quando fazia algo que desagradava a alguém.

Hoje a prioridade na minha vida sou eu. Antes de meus filhos e netos, eu quero e preciso estar bem para que eu esteja bem com eles.

"Mas, Solange, como estar bem em tempos de redes sociais? Pegamos o celular e já vemos tragédia, competição."

É preciso filtrar as informações, mas sobretudo saber o que desejamos trazer para nossa mente. Sempre que tive pensamentos ruins, estava sozinha. Eu pensava: "será que minha mãe vai morrer?". E logo dizia em voz alta:

– Não! Ela está viva!

Faço questão de eliminar todos os pensamentos ruins que chegam à mente. Simplesmente digo "não" e faço uma afirmação em voz alta.

Precisamos saber como usar nossa mente a nosso favor, e não contra nós. E o celular pode ser amigo ou inimigo nos dias de hoje.

Para mim, é um recurso ao qual devemos estar sempre atentas, porque ele pode nos deixar mais ansiosas. Na dúvida, se estiver percebendo a si mesma irritada ou ansiosa, tente dar uma pausa nas redes sociais, desligar o celular.

Você vai sentir os sinais, sentir o cansaço quando estiver precisando de um respiro.

Os sinais estão vivos em você e te mostram o tempo todo que você precisa agir a seu favor e não pirar. Não é para estar com o coração acelerado e tomar remédio. Você tem que se alimentar bem, dormir bem e, no fim do dia, saber o que pensou, o que comeu, com quem esteve, o que está te preocupando.

Sua saúde mental pode estar sendo abalada por fatores externos, mas uma coisa eu te digo: recuperá-la depende única e exclusivamente de você.

EXERCÍCIO PARA FORTALECER A ALMA

Como anda sua saúde mental?
Talvez essa pergunta seja difícil de responder, mas tente se lembrar da última vez que se colocou em primeiro lugar em sua agenda.

Depois disso, reserve nela um horário para você mesma, com prioridade máxima.

Sempre que tentar trair a si mesma colocando o outro em primeiro plano, lembre-se de que o seu corpo cobra por isso.

A saúde mental deve ser sua prioridade sempre. E, para cuidar dela, também é preciso focar em exercícios, alimentação e sono. Hoje sabemos que a depressão está intimamente ligada a uma alimentação pobre em nutrientes e a um estilo de vida sedentário.

Ao mesmo tempo, uma vida boa está relacionada à sua capacidade de se relacionar com as pessoas. Não adianta ser alguém que se exercita, mas não tem vida social e amigos. As amizades e os pequenos prazeres são fundamentais para que você tenha uma mente sã. Ter com quem conversar é um bálsamo. Se não houver alguém no seu círculo de amizades, crie oportunidades para encontrar alguém que te dê colo, que te dê amor, que saiba trocar experiências.

Você precisa saber de cor tudo que te faz feliz e proporciona uma vida completa. Não deixe sua felicidade para amanhã.

Cinco regras para ter uma boa saúde mental:
1. Acorde cedo.
2. Leia todos os dias.
3. Faça exercícios.
4. Não conte seus maiores planos.
5. Escolha bem suas amizades.

14º ATO: SAÚDE ESPIRITUAL

Desde adolescente, a calada da noite é importante para mim. Era um momento em que eu sentia necessidade de falar com Deus em silêncio, sem qualquer preocupação. O momento em que conversávamos. Eu e Ele.

Cresci e, logo que vieram as crianças, eu me comunicava com essa força superior nas madrugadas, enquanto meus filhos ainda eram bebês e eu amamentava. Despertava com o choro, dava o peito e ficava pensando em quantas pessoas estariam acordadas. No silêncio eu me reconectava, pedia forças.

Até que eles cresceram e eu não precisava mais acordar. Só que, ainda assim, eu despertava no meio da noite. Às vezes com preocupações que me tiravam o sono, às vezes sem qualquer preocupação. Em todas elas, eu decidia que era preciso me comunicar com Deus. Parecia que Ele já estaria ali me aguardando para um bate-papo de filha para pai.

Meus momentos com Deus eram de madrugada, porque de dia eu não tinha tanto tempo, porque não sobrava espaço na agenda ou porque o silêncio era o melhor ambiente para que pudéssemos ter um diálogo franco.

No silêncio não existem interferências. Você silencia a mente e diz apenas aquilo que acredita, apenas aquilo que consegue. Você pede perdão pelos seus erros, sem se envergonhar deles. Pede bençãos e milagres, sem ter pena de si mesma por achar que não merece tanto. Pede com lágrimas nos olhos, sem medo de borrar a maquiagem ou de ser ouvida por outras pessoas.

No silêncio eu lamentava, orava, pedia e, principalmente, agradecia. Claro, embora minha vida tenha sofrido turbulências de todos os tipos, sempre tive muito a agradecer.

Nas minhas orações a Deus, eu peço proteção, mas sei que preciso proteger minha própria energia. Peço força, mas sei que preciso me levantar para que Ele me segure de pé. Peço coragem para enfrentar os desafios, sabendo que preciso agir, senão nada acontece. E, para lidar com os medos, muita mudança. Porque a estabilidade não existe, e eu preciso sempre saber navegar em mares turbulentos.

Aprendi, em 58 anos de vida, que estar com Deus é falar do seu jeito, sem precisar repetir palavras bíblicas. É dizer alguma coisa que venha da alma, é abrir o coração, sem medo do julgamento. É voltar a ser criança e acreditar que um Pai maior cuida de você, mesmo quando tudo parece desmoronar. É se colocar na postura de humildade, de quem sabe que existe uma força que pode nos guiar quando não sabemos a direção.

Meus encontros com Deus sempre foram grandes encontros, nos quais aprendi a andar acompanhada, mesmo quando estava sozinha. Aprendi a sair de casa protegida, ter a certeza de que aquilo daria certo, saber que alguém estava me guardando das pedras que pudessem vir pelas costas, ter a certeza de que as perdas eram livramentos, entender que podia parecer tudo errado, porém mais lá na frente eu entenderia que estava certo – que se não aconteceu era porque não tinha que acontecer. Assim segui minha vida.

Só que, quando tudo está bem, esquecemos de pedir proteção e nos descuidamos. E era nesses momentos de descuido que vinham quedas maiores, como se fosse preciso ficar sempre atenta, com os radares ligados.

Em algumas madrugadas tivemos conversas tão sinceras que eu sentia que Ele estava ali do meu lado. Pode parecer estranho para você, mas, para mim, Ele é até físico. Eu conseguia senti-lo, de tanta força que me trazia quando estava por perto.

Ao mesmo tempo, o mal também me perseguiu às vezes, incomodando e tirando minha paz. Nessas ocasiões, eu abria as janelas e ordenava que aquela força saísse da minha casa. Era quase como uma oração de quem está acordando para a vida. "Aqui tem Deus, vá embora." E a paz voltava como um vento suave depois da tempestade.

Até hoje, quando escrevo isso, fico arrepiada, porque sinto uma presença deixando o lugar. Na presença de Deus, quando estamos em sintonia com o bem, o mal não consegue nos atingir, nem nos prejudicar.

Reconheço que nem sempre é fácil estar com a energia boa e com a vida espiritual em dia, principalmente quando lidamos com pessoas, quando participamos de eventos, quando trocamos energia com muita gente.

Em muitos momentos da vida, quando me desprotegi, me senti sugada. Sentia dor de cabeça ou uma exaustão inexplicável. A questão é que eu sempre sei como entrei e como saí daquele encontro. E que tipo de energia foi oferecida pela pessoa com quem eu estava.

Já estive feliz em determinados ambientes e com o tempo senti como se um ralo se abrisse sob os meus pés e eu não pudesse fazer nada. Nessas horas, tento respirar, saio do lugar o mais rápido possível, procuro assumir o controle mental da situação e me proteger psiquicamente, mas os vampiros de energia sempre existiram e sempre existirão, e estarão por perto quando perceberem que você está feliz. Porque eles se alimentam da energia dos outros, já que não conseguem produzir a própria energia.

Você já deve ter vivido isso. Saiu de casa ótima, doou sua energia e voltou esgotada, sem entender o que tinha acontecido. Certamente não estava espiritualmente protegida.

Mas, Solange, como se proteger espiritualmente?

Costumo dizer que manter a vibração elevada é um dos pilares para conservar a nossa energia. E aprendi no decorrer da vida a me limpar espiritualmente.

Existem algumas ferramentas espirituais eficazes e simples, e bloquear a energia de certas pessoas é uma delas. Aprendi a me afastar daqueles que me criticavam gratuitamente, me julgavam ou me diminuíam. Por ser mulher, pela minha idade, por ter filhos. Já perdi a conta de quantas vezes me pediram conselhos sobre alimentação e depois fingiram que eu não existia na hora de dar uma festa. Pessoas que não me queriam por perto: queriam alguma vantagem que eu estava oferecendo naquele momento.

É triste perceber que os outros colocam rótulos na gente. Embora eu entenda que vivi do rótulo de "musa fitness", depois que comecei a divulgar o movimento fitness nas academias, muitas vezes senti o ônus disso: as pessoas me enxergando apenas como um corpinho bonito.

Afastar-se daqueles que não querem ver você de verdade é uma forma de autodefesa. Escolha estar com quem realmente acredita em você, sem hipocrisia ou falsidade.

Também entendi que muita gente está habituada a viver no papel de vítima. Eu conheço esse lugar porque já estive lá. É um lugar onde nos sentimos menores, sentimos que a vida é mais difícil e diminuímos nosso poder pessoal, não conseguindo enxergar soluções ou com dificuldade para buscar ajuda para os desafios que aparecem.

A Solange mais jovem era uma menina que não sabia se proteger, e eu me envolvia demais no drama dos outros. As conversas acabavam, a pessoa saía aliviada e eu carregada daquela história, que não tinha como resolver. Era assim que muitos se aproveitavam de mim, porque eu sentia dó, e, no mecanismo de dó, a gente quer fazer algo pelo outro.

Hoje eu entendo que existem problemas com os quais não posso me envolver. As pessoas começam a divagar sobre eles, eu ligo o "mute" e fico observando, sem me envolver emocionalmente. Isso tem ajudado.

Outra coisa que tenho evitado ao máximo é o contato com notícias que não me agregam. Quem convive comigo e sabe disso começa a falar e logo para, porque entende a lógica.

Não quero saber quem foi atropelado, nem sobre o prédio que caiu. Porque eu certamente não vou poder fazer nada a respeito e isso vai me deixar ainda pior.

Também aprendi a fugir. Pode parecer covarde, mas fugir é o melhor remédio de vez em quando. Fugir de encontrar alguém que vai me fazer mal, fugir de fazer certas coisas.

Então você foge? Não enfrenta? É fraca? Não. Eu simplesmente conheço meus limites e sei que é melhor fugir do que voltar para casa devastada. Não é fácil fugir quando é um familiar seu que gosta de te colocar pra baixo, ver defeito nas suas atitudes e te julgar. Mas é preciso.

Pense que cuidar da sua energia espiritual é se proteger de tudo que te derruba ou faz mal. E às vezes a gente diz "ah, só hoje". Mas hoje um pouco, amanhã um pouco mais. Quando você percebe, a semana terminou e você está derrubada.

Identifique onde estão as pequenas coisas que te sugam no seu dia a dia e elimine-as de uma vez por todas. Você envelhece física e mentalmente e fica se sentindo seca por dentro quando perde seu poder espiritual. É como se não conseguisse mais enxergar nada de bom e belo na vida.

Tem gente que mora em cidade grande e diz que precisa fazer uma viagem para o meio do mato a fim de se resguardar. Só que não adianta falar que precisa morar numa fazenda: tem que trabalhar a si mesmo onde você está, porque é onde está sua rotina.

Moro em frente a uma das avenidas mais movimentadas de São Paulo. Gostaria de acordar no meio do mato? Claro que sim. Mas o meu dia a dia requer que eu esteja perto do trabalho, então não posso me dar ao luxo e tento ser melhor onde eu estou.

Preserve sua energia, faça da sua rotina algo sagrado, prepare sua comida, reserve tempo para você, faça suas orações em silêncio com seu coração e perceba as pequenas conquistas. Você vai entender que a aura de proteção depende da maneira como você age.

Mas não foi sempre que agi pedindo proteção a Deus.

É incrível como as coisas de Deus são perfeitas. Falo isso porque achamos que, quando tudo está indo de vento em popa e caminhando PERFEITAMENTE, não precisamos falar com Deus ou até esquecemos desse momento por estarmos bem, com SAÚDE, e seguirmos a vida sem manter um relacionamento diário com nosso pai Deus, como deveria ser.

Nas duas vezes em que me acidentei gravemente, lembro nitidamente de que antes de tudo acontecer eu estava tão segura e tranquila que dormia muitas vezes sem sequer agradecer a Deus pela vida e pela SAÚDE. Eram períodos em que nossos momentos na madrugada se passavam em sonhos.

Na primeira vez, eu estava no palco fazendo uma apresentação de um esporte que sempre amei, o *kenpo* havaiano (uma aula de luta e defesa pessoal feminina). Nesse dia, de repente dei um passo errado, dobrei o joelho em falso para trás e rompi os ligamentos. Saí do local diretamente para o hospital e lá marcaram a cirurgia. Lembro perfeitamente do quanto pedi perdão a Deus por estar tão ausente e retomei minhas orações.

Depois de dez anos, uma situação quase idêntica estava se repetindo. Por coincidência ou não, eu estava envolvida com muito trabalho e correria, mal tinha tempo de falar com meu Deus, que sempre me dirigiu, me acalmou, esteve de mãos dadas comigo, me mostrando os caminhos com sua presença firme ao meu lado.

Dessa vez, o cenário foi um evento em um parque. Eu estava fazendo uma apresentação para muitas pessoas quando de repente o piso do palco cedeu e torci fortemente o outro joelho. Imediatamente caí no chão, chorando de tanta dor. A dor foi parecida com a que senti na outra ocasião, só que maior. Na hora, soube nitidamente que tinha rompido o ligamento do outro joelho. Foi desesperador, porque minha agenda estava repleta de trabalhos e eu teria que fazer uma nova cirurgia e parar novamente por meses, e depois a recuperação seria lenta e longa.

Lembro das nossas madrugadas de muitas confidências desde sempre, e mais uma vez eu estava menos conectada com Deus, já que tudo ia muito bem. Chegava em casa exausta e dormia como uma pedra.

Fiz questão de contar essas duas passagens porque sou uma prova de que nunca podemos nos acomodar com a vida espiritual e deixar de nos conectar com Deus todos os dias e em todos os momentos. Na alegria, na tristeza e até na SAÚDE.

Desta última vez, um anjo também apareceu para me dar as mãos. Ele parecia ter caído do céu. Nesse dia do evento do parque era ele que tinha me contratado. Fui apresentada e, de cara, o achei muito bonito. Depois do acidente ele se sentiu um pouco responsável pelo ocorrido e me deu mais que atenção: me deu carinho e dedicação exclusivos.

Alto, forte, bonito e muito atencioso, esse anjo se mostrou preocupado e interessado na minha recuperação.

Fui operada em meados de setembro de 2012 no hospital Oswaldo Cruz, em São Paulo. Na primeira tarde depois da cirurgia, alguém bateu na porta do quarto e entrou. Era ele. Chegou com flores nas mãos e uma energia contagiante. Conversamos e percebi uma certa intimidade em suas palavras e gestos. Logo se despediu desejando que eu me recuperasse rápido e disse que seria o último fim de semana que ele viajaria sozinho.

Fiquei um pouco surpresa com a atitude dele.

Fui para casa e, nos três fins de semana seguintes, ele foi me visitar. E aos poucos percebi que ele tinha algo a mais. Ele era religioso e tinha uma intimidade com Deus visível e me tocou demais. E foi ele quem me perguntou sobre minha relação com Deus. Era sempre maravilhoso esse assunto, e houve entre nós uma conexão muito grande, como se já nos conhecêssemos de outros tempos.

Entendi o recadinho de Deus e aceitei o pedido de namoro. Tudo foi perfeito demais. Apesar de ser 20 anos mais novo que eu, ele era romântico, cavalheiro, atencioso, amável, calmo, paciente, tranquilo e muito especial. Frequentávamos a igreja aos domingos, viajávamos às vezes e estávamos sempre juntos nos fins de semana.

A diferença de idade nunca foi um empecilho para nós. Nem lembrávamos disso, pois tínhamos muitas afinidades.

Depois de seis anos e meio de muita cumplicidade, tudo foi tomando um rumo diferente do que esperávamos. Comecei a perceber que estávamos em momentos diferentes de nossas vidas. Ele focado no trabalho, e eu, na chegada dos meus netos e no meu apego com minha família.

No entanto, compreendi que Deus nos apresenta pessoas para nos ensinar algo naquela situação. Da mesma forma, ensinamos algo para quem conhecemos. Era para ser assim e era para durar o tempo que durou. Essa troca acontece naturalmente, e conhecê-lo foi mais um aprendizado em minha vida.

Hoje reconheço que jamais devemos criar fantasias ou grandes expectativas, e isso inclui o amor. Aprendi que não devemos mais esperar por príncipes, aqueles perfeitos e lindos de contos de fadas que levam as princesas para castelos, fazem gestos de amor 24 horas por dia, permanecem românticos por todo o sempre e são 100% do tempo carinhosos, atenciosos, cuidadosos e sempre nos protegem e nos amam como nas lindas histórias que lemos.

Reconheço que não foram eles que deixaram de ser príncipes e sim eu que criei em minha cabeça mil e uma fantasias sobre pessoas que eles não eram. Talvez agora, depois de mais esse aprendizado, eu possa encontrar alguém que não precise ser igual a um personagem perfeito, mas sim um homem real, com defeitos e qualidades.

Vejo que, além do meu encontro com Deus, o tempo trouxe algo muito importante, que foi o encontro com o meu amadurecimento e sabedoria. Isso foi fruto de muita vivência, frustrações, amores, desilusões, relacionamentos idealizados e muitas orações e pedidos por mais entendimento e menos ilusões.

A vida espiritual, como dizem os sábios, não está lá nas montanhas. Está no dia a dia, dentro de nosso coração, quando aprendemos a ser felizes com o que temos e conquistamos.

EXERCÍCIO PARA FORTALECER A ALMA

Lidamos o tempo todo com uma guerra espiritual e precisamos nos fortalecer. Não adianta achar que a imunidade espiritual nasce do dia para a noite. Somente se fortalecendo com bons pensamentos e orações que você cria ao redor de si uma aura de confiança positiva no campo espiritual.

Seja qual for a sua religião, ou mesmo se não tiver uma, entenda que somos vulneráveis às energias externas. Essas energias são emanadas de pensamentos, palavras e ações. Nossas e dos demais.

Crie momentos em que você possa se fortalecer internamente para lidar com o mundo lá fora.

Assim como um soldado se prepara para a batalha, você precisa ser capaz de se preparar para sair para trabalhar, para estar em locais tumultuados, para não se desequilibrar e estar sempre em paz, na mente e no coração.

Não delegue a sua paz interior, nem a menospreze. Faça o que for preciso para se manter em paz. Se achar necessário, faça um detox das redes sociais e entre em contato consigo mesma por meio da meditação, para acessar essa voz interior que diz tanto.

Ser feliz é a única regra. Para isso nascemos. Nosso Criador quer nos ver felizes.

Quero inspirar pessoas. Quero que alguém olhe para mim e diga: "Eu não desisti por sua causa".
Entendi que tudo o que passei foi uma preparação para a minha melhor fase. Aqui estão apenas quinze atos da minha trajetória.
Imagine a vivência de 58 anos, de dias e noites.
Tenho muito mais a dizer e com certeza teremos novas oportunidades se Deus permitir.

15º ATO:
O QUE APRENDI
COM MEUS FILHOS

Minha vida se divide em duas partes: antes e depois do nascimento dos meus filhos.

Tem mulheres que dizem que não sonham em ser mães. Outras não se sentem tão apaixonadas assim pela maternidade. Eu, desde o primeiro segundo em que soube estar grávida da Bruna, sabia que a minha vida jamais seria a mesma.

A Bruna foi a primeira filha. Quando ela chegou, logo percebi que teria uma companheira guerreira para a vida toda. Ela parecia ter todas as características que eu queria ter em mim: desde pequena tinha uma personalidade forte e, quando queria uma coisa, dava um jeito de conquistar. Eu entendia que aquele era o comportamento dela. Tinha nascido forte e guerreira, com a dose certa de determinação, e eu ficava pensando: "Como pode esta criança, com tão pouca idade, me ensinar tanto?".

Observadora, desde criança ela tinha dentro de si o poder de conquistar as pessoas e dominar o espaço onde estava, para ali fazer o que queria. Era um contraponto para mim, uma jovem que sempre fazia o que todo mundo queria e tentava agradar a todos.

A Bruna me mostrava que, para ser amada, você não precisa agradar ninguém. Ela jamais fazia algo de que não estava a fim só para ver alguém feliz. A Bruna não traía a si mesma. Nem nos pequenos nem nos grandes passos.

Por um lado, eu pensava: que menina forte. Por outro: dá para ser feliz de outro jeito.

Ter filhos é um aprendizado constante. Além do amor incondicional, a gente tem uma afinidade que se percebe no olhar, e a Bruna tinha vindo como um anjo enviado do céu para me proteger. Sempre teve uma sensibilidade especial para saber o que estava acontecendo comigo.

Mesmo quando eu fingia estar tudo bem, sorria querendo chorar ou mascarava os sentimentos para que meus filhos não se preocupassem, ela me transmitia um olhar que me enfrentava e me dizia saber o que estava acontecendo. Era como se nada pudesse enganá-la. Ela era a única pessoa que me via sem disfarces ou máscaras.

Estar ao lado de alguém assim, que vive com você, é fascinante. Eu entendia que, mesmo quando não tinha nada a oferecer – nem grandes passeios, nem viagens, nem presentes, nem essas coisas que as pessoas dizem que as crianças gostam –, quando eu estava verdadeiramente feliz, ela estava bem. Quando eu estava segura, ela estava bem. Do contrário, de alguma maneira ela escancarava que eu precisava fazer algo. Por mim.

Em alguns momentos eu me perguntava se ia dar certo. E, nas horas que eu percebia que estava insegura por algum motivo, ela vinha me dar tranquilidade e trazia a leveza de que eu tanto precisava.

A gente teve uma relação muito forte, a vida toda. Era para ela que eu ligava quando, já adulta, tinha os sinais do pânico longe de casa. Muitas vezes invertemos os papéis. Não lembro quantas vezes fui sua filha, e ela, mais madura que qualquer outra criança de sua idade, foi minha mãe.

Confidentes, sempre preparamos uma à outra para tudo na vida. Se precisávamos uma da outra, mesmo que houvesse medos envolvidos, lá estava a mão amiga para segurar aquela que estava precisando de ajuda.

Ainda lembro quando ela decidiu que iria para Londres, já adulta, estudar. Meu coração ficou em frangalhos. Senti medo ao ver que a menina de quem eu tinha cuidado como uma boneca de porcelana a vida toda tinha saído do casulo e se tornado forte e pronta para voar.

A Bruna voou. E, por incrível que pareça, meu coração ficou tranquilo, porque, durante seu período de estudos fora do Brasil, eu sabia que tinha dado a ela a base de sustentação para que pudesse fazer sua trajetória com segurança. Ela tinha valores, tinha sido amada, distinguia o certo do errado e, acima de tudo, tinha um coração bom.

Um ano depois, ela voltou. Tinha trabalhado numa rede de fast food e quase não a reconheci quando a recebi no aeroporto. Com 20 quilos a mais, ela estava pouco saudável, mas feliz.

Decidida, disse que em seis meses voltaria ao seu ritmo natural, sua vida normal, com exercícios e alimentação, como a mamãe tinha ensinado. E assim foram embora os 20 quilos e um pouco mais.

Mais um aprendizado para minha vida. Eu percebia que ela podia experimentar as coisas e decidir por conta própria o estilo de vida que queria levar. E a Bruna tinha experimentado uma vida cheia de comidas industrializadas e nada saudáveis. Tinha percebido sozinha como aquilo tinha feito mal à sua saúde.

Só que com a Bruna não tem meio-termo: ou ela faz uma coisa ou não faz. Não mede esforços nem as consequências. E às vezes, quando falo sobre ela, percebo que me inspiro na minha filha. Em seu jeito implacável de dizer o que precisa ser dito, sem firulas ou meias palavras.

Se eu queria tomar uma decisão e estava pensando muito, ela perguntava: "mas o que você quer?", e eu respondia. Ela falava "vai lá e faz". Formou-se em uma área que ela ama e faz com honra todos os seus trabalhos de marketing. Hoje ela é publicitária e apaixonada pelo mundo do automobilismo. É também fundadora do Ladies Drive, um grupo de mulheres proprietárias de carros clássicos e esportivos que defendem a mulher empresária e líder em seus segmentos.

A Thabata (Thata para nós) veio com outra energia. E é a outra parte de mim. Meiga e carinhosa na forma de lidar com as coisas, é mais emocional e sempre me mostrou o lado bom da vida, a parte bonita de todas as coisas, como se sua vida fosse encantada e mágica. Sempre no mundo da lua, mesmo assim ela estava atenta a tudo e a todos. Amava passar horas desenhando tudo o que via e imaginava. Como toda filha do meio, era a mais independente dos três, afinal mãe só tem duas mãos. Ela sempre ficava como coadjuvante de um dos irmãos e se virava sozinha, com muita independência.

Perceber o que aprendemos com os filhos é fascinante, porque vemos neles nossos defeitos e nossas melhores características. Eu queria que elas seguissem a carreira de nutricionistas, e, na sua mania de querer agradar, a Thabata tentou cursar um ano para atender o meu desejo, até perceber que a vida não é assim. Foi então que, decidida, fez faculdade de arquitetura e foi estudar na Itália, em Florença.

Hoje ela é uma arquiteta de interiores de muito requinte, renomada e bem-sucedida. E me mostra, com a sua delicadeza, que a vida pode ser do jeito que a gente imaginar. Bem colorida e cheia de emoções: é assim que ela sonha, idealiza e realiza seus projetos, que se concretizam e ensinam a construir sonhos, dos menores aos maiores. Com seu jeitinho meigo de ser, soube conquistar o mundo e fazer seus desenhos de criança se tornarem grandes projetos de casas, resorts e empreendimentos.

O Lucca chegou para me mostrar que, quando a gente acha que não tem mais lugar no coração para amar alguém, vem uma força arrebatadora e constrói um espaço entre tudo e todos. Excelente em todos os esportes, ama entrar no jogo para ganhar, mas quando perde reconhece que não jogou bem e é capaz de elogiar o seu maior adversário. Ele é competitivo, mas não gosta de ver ninguém perder ou sofrer. Emotivo e sensível, me ensina a perceber as coisas do seu ponto de vista único, e isso me faz crescer. Sempre foi um filho que nunca exigiu nada e sempre esteve presente ao meu lado e das irmãs. Reservado, inteligente, estudioso e apaixonado pela tecnologia, ensina diariamente que a bondade é algo inerente. A pessoa é ou não é.

Pós-graduado em fisiologia do exercício, o Lucca ama viajar e conhecer o mundo. O Canadá e o Japão já são uns dos seus destinos favoritos. Ele é meu sucessor porque ama a profissão de educador físico, que escolheu por livre e espontânea vontade. Para mim, é uma honra!

Os filhos nunca crescem para nós, mas confesso que nos ensinam a cada dia a sermos melhores. O maior legado que podemos deixar é ser exemplo para eles e dar motivos para que se orgulhem de nós.

A vida é uma eterna construção. E ver a nossa continuidade nos traz paz de espírito, porque a gente sabe que deixou uma semente boa para construir um caminho. Vejo cada um deles e até hoje tenho vontade de chorar de emoção e de carregar no colo pelas pessoas que se tornaram. Embora muitos digam que fui uma mãe boazinha demais e que mimei muito, sem exigir nada deles, eu sabia que a fórmula certa era dar amor e nada mais. Sempre muito amor. Não precisou de mais nada para que eles se tornassem grandes pessoas.

Na vida, mesmo quando perdi, nunca deixei de amar, de transmitir amor, de dar mais do que recebo. Você pode achar que a conta não fecha, mas a matemática é certa: Deus é justo, e ninguém fica sem colher aquilo que plantou.

No momento em que estou, com 58 anos de idade, me vejo como uma mulher realizada. Demorei muito para dizer isso, porque levei a vida aos trancos e barrancos, mesmo com um olhar positivo, energia de sobra e o corpo aguentando todas as pancadas.

A minha força vem do exercício, mas principalmente do amor dos meus filhos, da minha fé na vida, de alimentar a alma todos os dias com a vontade de contribuir com as pessoas ao meu redor. A minha força vem de dentro porque sei o que é ser frágil, sei o que é lutar contra a morte, passar dificuldade, ficar desamparada, com medo, sem dinheiro e sem trabalho. Sei o que é levar uma casa nas costas, com pais e com filhos. E sei também que, com fé e força de vontade, a gente consegue transpor qualquer obstáculo, por maior que possa parecer.

Porque a vida, minhas amigas, tem seus altos e baixos, seu ritmo, seus movimentos que a gente nem sempre pode controlar, mas ela também é mágica, cheia de imprevistos que fazem bater mais forte nosso coração. Vem uma linha a mais no teste de gravidez e uma criança que abençoa seu mundo de um jeito que você nunca poderia prever. Vem uma notícia que parece destruir seu coração, mas dali você encontra um desvio do seu caminho que te leva para um lugar melhor.

Já me expus num reality show, já namorei muito, casei algumas vezes, tive uma vida pública que me mostrou como são as pessoas nos bastidores e hoje não sei mais viver de ilusão. Sei exatamente o que esperar, o que plantar, e estou colhendo cada vez mais a sorte de tudo aquilo que semeei.

Acordo, olho para a vida e penso em tanta coisa boa que construí. Olho para meus netos e percebo que não há nada melhor neste mundo que ter alegria e saúde.

Então, descanso meu coração. E confio em Deus para sempre estar ao meu lado, me protegendo daquilo que não posso enfrentar e me fortalecendo para eu saber que caminho seguir.

Este livro é uma semente. Uma semente que eu quero que brote em seu coração e que te faça refletir sobre sua vida para que você encontre novos caminhos, para que possa construí-los e reconstruí-los sempre que necessário.

Cansei de ver mulheres em relacionamentos doentios e tóxicos por medo de tomar uma atitude, se autoagredindo. Cansei de ver mulheres desistindo de sonhos porque alguém joga um banho de água fria nelas. Cansei de ver mulheres desacreditadas, que perdem o rumo com as críticas, que são injustiçadas e acabam se deixando sacrificar.

Chega de se sacrificar. Vamos viver a vida de verdade.

Viver uma vida plena. Uma vida com amor. Uma vida com a força que vem da alma, do corpo e da mente. Uma vida que você merece viver, do jeito que sempre sonhou, construindo e realizando tudo o que está aí dentro.

Vamos juntas nesta sua nova jornada.

Conte comigo sempre.

Não sou só "uma" professorinha de ginástica.
Sou "A PROFESSORA DE GINÁSTICA".
A vida não se baseia apenas em metas, conquistas e linhas de chegada. O maior significado da vida é descobrir quem você se torna durante a caminhada e o que permanece nos seus propósitos.
Ahhh... o tempo.
Se pudéssemos às vezes controlar as horas, atrasar os relógios ou prolongar a expectativa de vida.
A vida é tão bela, mas tão beeeela e cheia de encantos fascinantes.

Para mim, ela começou depois dos 50 anos, quando me permiti parar para observar atentamente os sons, as cores, a vida que existe em todas as coisas. Que pena! Demorei a perceber os seus encantos; estive sempre atrasada e correndo contra o tempo. E, quando vejo, já passei da metade dela. Ah, se alguém tivesse me contado antes o que sei agora. Mas antes disso a luta diária era tão grande que o dia amanhecia e logo já era noite novamente. Muitas vezes, quando eu tentava me lembrar do que tinha feito, ou até sonhado na noite anterior, não conseguia. É assim quando temos muita pressa. Pressa de vencer, pressa de ganhar, pressa de alcançar. Mas depois da metade da vida, mesmo sem saber se vamos viver mais uma metade, "percebemos que não percebemos" a vida passar como deveríamos. Quando estamos com pressa, ela passa mais rápido e perdemos o melhor dela.

No dia em que fiz 50 anos ganhei de presente das minhas filhas uma viagem para Nova York e Las Vegas. Lá fomos nós ter um momento muito especial e uma grande diversão. Foi nessa viagem que olhei para um espelho na Quinta Avenida, em Nova York, e ali me caiu a ficha do quanto estava sendo importante cada minuto e cada segundo daquelas horas. Comecei a observar as coisas com mais clareza, e aqueles momentos se tornaram únicos. Quando olhei para mim mesma, percebi que os meus 50 anos era um alerta, um sinal dentro de mim. Algo especial, como um alarme para eu despertar. Comecei a perceber mais minha respiração, os batimentos do meu coração, passei a enxergar o que meus olhos viam, as cores, os cheiros, todas as texturas, as cores da natureza de Deus, o céu, as estrelas, o mar, a chuva, o verde das plantas e o colorido das flores, os sons. Comecei a ficar mais atenta até aos meus sonhos. Passei a perceber as palavras das outras pessoas e a realmente interpretá-las.

Por que resolvi te contar tudo isso? Simplesmente porque quero que, a partir de agora, você faça o mesmo. Não só porque amanhã pode ser tarde, mas porque é maravilhoso e você está perdendo esse prazer. Olhar e sentir a vida com outros olhos e outros poderes de observação.

Lógico que valeu a pena cada suor, cada noite em claro, cada lágrima, cada desafio, cada correria, cada dia de batalha e cada madrugada de preces. Mas que bom seria se eu tivesse feito tudo igual, só que observando mais a vida, com todos os seus encantos fascinantes.

Hoje sou uma mulher forte, madura, independente, decidida, segura dos meus atos, resistente e dona de mim. Devo isso aos meus propósitos e sonhos. Propósitos que realizei e ainda quero realizar, e sonhos que foram minhas maiores verdades e não apenas sonhos idealizados.

Naquela viagem que fiz, quando em certo momento passei por um espelho, vi refletidas nele muitas coisas ao mesmo tempo: a minha imagem e as das minhas filhas... foi como se eu estivesse nos assistindo de camarote. Percebi nossos rostos alegres, nossas mãos entrelaçadas, nossos sentimentos de gratidão e nossos olhares, que transmitiam amor. Nem observei nossas roupas, sapatos ou onde estávamos. Estávamos em Nova York, na Quinta Avenida, a caminho do Central Park. Mas naquele espelho vi apenas o amor refletido.

O que quis dizer com tudo isso? Faça tudo o que tiver que ser feito, mas sem esquecer de perceber o que realmente importa nesta vida. Como você realmente vai fazer a diferença na sua vida e na de outra pessoa. Perceba mais seus bichinhos de estimação, seus amigos, sua família, seus filhos, a natureza e tudo o que Deus te deu de mais precioso de presente. Sua VIDA.

VIVA! Hoje, prestes a completar 59 anos, vejo que sou muito mais feliz e realizada do que antes. Comemoro todos os dias e amo observar cada detalhe desta vida linda. Mesmo com todos os perrengues que sempre podem surgir, procuro ver o mundo com outros olhos e tudo bem se tiver que enfrentar as maiores dificuldades e começar tudo novamente. Estou pronta e preparada para ser mais feliz.

VIVA A VIDA!

Paramos aqui, no meu décimo quinto ato.

Estou pronta para os atos que estão por vir e você, minha leitora, sempre será minha confidente e conhecerá as minhas experiências verdadeiras.

"Que vos ameis uns aos outros assim como vos amei."
João 15:12

O amor e a gratidão movem montanhas e lideram minha vida.

DOSSIÊ DA MINHA SAÚDE FÍSICA

Sempre me cuidei de todas as formas, apesar de todas as situações.

Aprendi muitos valores no esporte e na vida que a técnica não ensina, mas a prática, sim: aprendi a ser mais perseverante, mais resiliente, a respeitar o próximo. Aprendi tudo sobre integridade, honestidade, coragem, segurança, disciplina, autoconhecimento, autoconfiança, autogestão, autocontrole e, principalmente, autoestima. Eu me sinto privilegiada por todo esse aprendizado que transformou minha vida.

Quando as pessoas me perguntam sobre meus segredos de beleza, respondo que eles são uma mistura de todo esse aprendizado e de muito amor por mim mesma. Sim, eu me amo, tenho orgulho de mim e me respeito demais. Por isso o espelho tem que revelar para mim uma "Solange" bonita e feliz.

Aliás, acho que ser feliz já é meio caminho andado para a beleza. Nada que um sorriso largo não possa encantar. Aprendi a ser vaidosa desde sempre e nunca descuidei. Porém, mais importante que se cuidar é não se descuidar dando desculpas: o tempo passou, fiz mais um aniversário, me casei, engravidei, fiz 30, 40, 50, 60, me separei, estou na menopausa... Sempre temos uma desculpa para justificar o fato de não nos cuidarmos. Que tal descobrir uma fórmula mágica para não nos descuidarmos em nenhuma situação?

Vou dividir com você o passo a passo do que considero "minhas fórmulas mágicas". Para mim, elas sempre funcionaram.

EXERCÍCIO

Amo praticamente todas as atividades esportivas. Tênis, vôlei, natação, corrida, pedalada...

Fora essas atividades, acredito muito na musculação (exercícios resistidos com pesos). Desde que tive o conhecimento dos seus benefícios, sei que, para todos os outros esportes e para a vida, a musculação é primordial. É por isso que desde então pratico cinco vezes na semana, faça chuva ou faça sol.

Desde que as academias chegaram ao Brasil, acompanhei cada evolução na técnica e principalmente na prática.

As máquinas podem nos ajudar a trabalhar os músculos de forma segura, muito eficiente e, de quebra, ainda nos proporcionar mais juventude.

Percebo que, mesmo com o passar dos anos, minha porcentagem de massa muscular em relação a meu peso e altura são as mesmas, com mínimas oscilações, mesmo depois da crise da menopausa. Para quem não sabe, nessa fase há uma queda no metabolismo e nas taxas de ganhos de massa muscular considerável. Mesmo assim, minha aparência continuou jovem e cheia de vida.

Ao longo do tempo, passamos pela perda natural da força e da massa muscular (dinapenia e sarcopenia). No entanto, minha disciplina e constância, com cinco dias consecutivos da semana na musculação, me proporcionaram a dádiva, comum entre os praticantes, de me manter forte e ativa. A constância e a disciplina no exercício promovem uma renovação celular permanente, o fortalecimento da massa magra e a regeneração de estruturas que melhoram o tônus da pele, reduzindo o risco da flacidez e até o aparecimento de ruguinhas precoces. A musculação também aumenta a produção de algumas substâncias químicas importantes, como o hormônio GH e a L-glutamina. Ambos são grandes aliados contra o envelhecimento.

Outra vantagem da musculação é o aumento da produção de antioxidantes endógenos, que combatem os radicais livres.

Vou explicar: os radicais livres são agentes que provocam, por "n" motivos, o envelhecimento e o aparecimento das doenças. Quando praticamos exercícios com regularidade e na intensidade correta, de forma orientada, nosso corpo fica mais capacitado para lidar com os radicais livres, aumentando a produção de enzimas bloqueadoras para bloqueá-los.

Mais uma vantagem é o fato de a musculação melhorar a qualidade do nosso sono porque diminui o nível de cortisol (hormônio do estresse). Melhorando o sono, melhoramos nossa capacidade de absorção de nutrientes e liberamos hormônios importantes como a testosterona, o GH, o estradiol e a progesterona.

Outro efeito magnífico é que, com a diminuição do cortisol, aumenta a produção de colágeno natural e de ácido hialurônico, deixando a pele mais viçosa e hidratada.

Um ponto é circulação, que automaticamente melhora por ser mais solicitada pelo organismo no momento do exercício. Também acontecem a renovação e a nutrição das células, além da ação antioxidante, e assim nossa pele se torna mais hidratada de dentro para fora também. Todo o sistema arterial eleva o fluxo e consequentemente o aporte de nutrientes e oxigênio se espalha para os tecidos. Os sistemas venoso e linfático aumentam a velocidade de drenagem, retirando toxinas do organismo e diminuindo a retenção de líquidos.

Nos cinco dias em que pratico musculação, treino por 45 minutos. Meu calendário da semana é dividido entre as seguintes práticas:

- Trabalho especificamente pernas e glúteos às segundas, quartas e sextas.
- Braços e abdômen são trabalhados às terças e quintas.
- Na parte aeróbia, faço bicicleta, esteira, escada.
- Faço também aulas HIITS, que são treinos intervalados de alta intensidade, às terças, quintas e sextas, por 30 minutos.
- Além da musculação, amo as artes marciais, que me atrevo a praticar, felizona, uma vez por semana. Desde que as conheci, em 2000, nunca mais parei. Uma paixão à primeira vista que se tornou eterna. As artes marciais mexem muito com a mente e com habilidades que não desenvolvemos nas outras atividades.

Pronto! Agora, conhecendo os detalhes dos benefícios que os exercícios promovem, você nunca mais vai deixar de praticá-los a partir de hoje, né? Descobriu um dos meus segredos?

ALIMENTAÇÃO

Sempre me interessei pelo valor e pela influência dos alimentos no corpo, na pele, no humor, nas atitudes, nas emoções, no prazer e nos sentidos, de forma completa (ouvir, falar, andar, sentir, ver). Tudo! Acredito que os alimentos influenciem nosso jeito de viver!

Começou como uma curiosidade, e depois passou a ser por necessidade e paixão pelo resultado.

Desde que comecei uma orientação dirigida pela minha nutricionista, selei tudo o que achava que entendia por apenas experimentar comigo. Sempre fui curiosa e queria saber o porquê das coisas. Por que o açúcar faz tanto mal? Por que certos alimentos inflamam as células? Por que a água é primordial para a vida?

De certa forma fui privilegiada por ter sempre na mesa "comida de verdade". Arroz, feijão, carne branca e vermelha, verduras e legumes, ovos, frutas e sucos naturais. Na minha casa só tinha refrigerante nos aniversários, e ainda assim minha mãe preferia suco de limão.

Hoje, depois de muito aprendizado, com o conhecimento e a experiência que adquiri, tenho absoluta certeza de que o jeito de nos alimentarmos muitas vezes se baseia em hábitos de vários anos impregnados na nossa mente com vícios ou necessidades que nem são tão necessárias.

Precisamos entender que tudo o que ingerimos vai para algum lugar. Jamais vai passar despercebido, mesmo quando você mesmo diz "só um pedacinho não vai fazer mal". É por isso que todo cuidado é pouco e todo conhecimento é muito bem-vindo.

Priorizo alimentos anti-inflamatórios naturais da terra e evito ao máximo comida industrializada e processada.

Dou preferência a frutas, legumes, verduras, grãos, carnes magras e brancas, azeite de oliva, oleaginosas (castanhas, nozes), dieta mediterrânea. Ervas e especiarias (orégano, alecrim, hortelã, canela), tubérculos (batata-doce, mandioca, inhame). Feijões, ervilhas, lentilhas. Prefiro o leito de amêndoas a qualquer outro, e, quanto aos pães, os mais caseiros possível, com farinhas menos alergênicas, tipo sem glúten, farinha de arroz ou de aveia. Amo ovos e como todas as manhãs uns quatro, mas só duas gemas.

Nos intervalos aprendi a comer castanhas em quantidades moderadas, ou iogurtes mais caseiros com aveia. Os sucos são sempre de frutas (maracujá, limão, melancia, manga, morango, uva...). Gosto de misturar algumas delas, sempre fica delicioso.

Outra coisa importante é que faço o máximo para manter uma rotina diária e os mesmos horários, porque sei que, dessa forma, otimizo o metabolismo. Essa constância melhorou muito a ação dos meus hormônios. Na verdade, o equilíbrio hormonal é a chave de todo o organismo. São os hormônios que regem a orquestra afinada dos nossos órgãos e ajudam o nosso corpo a dar um show de vitalidade. Quanto mais mantemos nossos hormônios afinados, mais essa orquestra vai tocar e nenhum instrumento destoará.

Agradecimentos

Primeiramente, agradeço a DEUS. Sempre acreditei que tudo na vida nunca é simplesmente sorte nem acaso, mas a direção e a oportunidade escolhidas por Deus e Seu amor por nós. Ele nos mostra os caminhos certos para nossa vida e, com nossos próprios esforços, realizamos nosso propósito.

Agradeço a meus pais, Edson e Nilza, que me ensinaram tudo o que sei sobre a humildade, a verdade e o amor ao próximo. Sem o exemplo e a educação de vocês, eu não teria todas as portas abertas que tive para realizar todos os meus sonhos e chegar até aqui.

Doutor Sérgio Dantino, meu primeiro advogado e empresário, obrigada por ter sido visionário quando me conheceu e por ter acreditado firmemente em mim e ter enxergado que eu tinha capacidade, talento e autoridade para seguir o caminho das estrelas e que eu seria, um dia, uma inspiração para milhares de mulheres. O senhor acreditou no meu potencial antes mesmo de tudo acontecer, e abriu as portas para que as pessoas conhecessem meu trabalho e os meus propósitos.

A todas as pessoas, seguidoras, leitoras, empresas e marcas que sempre estiveram ao meu lado em toda a minha jornada profissional, acreditando no meu talento, na minha capacidade de realmente transformar por meio dos meus exemplos verdadeiros e da minha determinação sendo uma mulher que busca seus sonhos e propósitos através da minha verdade.

GRATIDÃO!

Fontes ANTWERP, TUNGSTEN
Papel PÓLEN SOFT 80 G/M²